SHODENSHA
SHINSHO

だから、
日本の不動産は
上がりする

知弘

祥伝社新書

はじめに

日本の不動産は、どうなっているのか

２０１２年12月の第46回衆議院総選挙は、２００９年８月に行なわれた前回選挙で政権を民主党に奪われた自由民主党が安倍《あべ》総裁のもと、ドラマチックともいえる圧勝で政権に返り咲くこととなりました。

政権についた安倍首相が打ち出した政策の柱は「三本の矢」といわれる「大胆な金融政策」「機動的な財政政策」「民間投資を喚起する成長戦略」を柱とする、「アベノミクス」として世界中に喧伝されることとなりました。

このアベノミクス、なんでも笑いのネタにしてしまう大阪人の間では、「大阪、阿倍野《あべの》のお好み焼屋に行くと、『アベノミクス』いうミックス焼きがあるねん。これを頼むと、もれなく三ツ矢サイダーがついてくるんやて」

「ほな、これで日本の景気も『鉄板』ということやね」

「いやいや、そんなすごいもんやあらへん。しょせんはコテ先やから」

と、まぜっかえすジョークが流行《はや》っているそうです。

さてそんな中、昨今の日本の不動産について、

「不動産マーケットは活況を呈している」という噂《うわさ》が巷《ちまた》で多く聞かれるようになりました。事実、メディアなどでも、

「地価は下げ止まり」

「一部地域では値上がりの模様」

といった報道も目につくようになりました。

また、分譲マンションの売れ行きも好調、都心の新築オフィスビルでは賃料が値上がり傾向、既存ビルでも空室率は改善へ、といった明るい話題が多くなりました。

この噂は、本当でしょうか。また本当だとすれば、なぜなのでしょうか。そして日本の不動産は今後どのようになっていくのでしょうか。

よく世間ではバブル崩壊後の経済を中心とした日本の低迷現象を、「失われた20年」

などと表現します。特に不動産という側面からはすでに20年を超えて地価が下がり続けるという、歴史的には異常な状態にあります。

もし噂されている状況が「本物」であるとすれば、日本の不動産には今、大きな変化が訪れていることになります。

２０１３年７月に行なわれた第23回参議院議員選挙でも、自民・公明で構成される与党は圧勝。衆参両院での安定多数を確保し、アベノミクスは国民からも信任されたと言われています。さて、このアベノミクスが牽引する世の中で、不動産新時代は到来するのでしょうか。

本書では日本の不動産の変化の兆《きざ》しが「鉄板」なのか、しょせんは「コテ先」で終わるものなのかについて、日本の不動産に纏《まつ》わる歴史的な経緯、カネの流れ、プレーヤーの横顔、不動産価値に対する考え方の変化など、多面的な要素から考察してみました。

するとどうやら、現在の日本の不動産には２つの顔が存在することに気づきました。同じ不動産が２つの顔を持つ。このことの意味合いを知ることで、日本の不動産の未来が見えてくるのです。

そして、驚くべき変化が実際に日本の不動産マーケットで起こりつつあることが、わかってきました。それは、

「日本の不動産が値上がりする」という事象でした。

ただし、この事象は単純な方程式から成り立つものではありません。みんなの持っているすべての不動産が仲良く値上がりするといった牧歌的な事象ではない、ということです。

それでは、平成バブルの崩壊から今日に至る日本の不動産の状況を簡単におさらいしながら、アベノミクスをきっかけとして日本の不動産はどうなっていくのかを見ていくことにしましょう。

2013年7月

牧野《まきの》知弘《ともひろ》

目次

第4章　リアル不動産で損をしないためのヒント

序章　バブル崩壊から現在までの歩み

カネを断たれた突然死～平成バブルの崩壊

平成バブルと言われる現象は、おおむね1986年12月から1991年2月の約51カ月間におよぶ好景気を指《さ》しています。このきっかけとなったのが、1985年のプラザ合意です。

当時ドル高による貿易赤字に悩んでいたアメリカが、G5諸国と為替《かわせ》の協調介入に踏み切り、その結果として急激な円高が招来されました。このインパクトは大きく、プラザ合意時点では1ドル240円前後だった為替レートはわずか1年あまりで1ドル150円台にまで、急激な円高現象を引き起こすことになりました。日本はこの円高によって製造業を中心に円高不況に突入するのですが、この状況の改善のため日本銀行は大幅な公定歩合の引き下げ政策に舵《かじ》を切ることとなりました。

このマーケットに対する過剰な資金流入が、当時の円高克服＝「内需拡大政策」と合わせて株式投資や不動産投資に向かい、株価や不動産価格の大幅な上昇につながりました。

一方で円高不況を不屈の精神で乗り越えた日本企業が、資金の調達を銀行からの間接金融に頼らず、増資や社債発行などの直接金融による手段に切り替えたことも、金融機関が株式売買や不動産取引にカネを振り向けるきっかけになったともいわれています。

いずれにしても当時、不動産は値上がりを続ける「超優良な担保案件」として金融機関はこぞって資金を貸し出そうとし、不動産会社のみならず一般の事業法人や個人にまで幅広くカネが流れ込むことになり、バブル現象などと呼ばれることになりました。

とにかく不動産は所有さえすれば、勝手に価値が上昇する打ち出の小槌《こづち》としてもてはやされ、知恵がなくとも勇気と度胸で借入を行ない勝負する、バブル紳士が世の中を闊歩《かっぽ》することとなったのでした。

ところが、このバブル景気は、その後の日銀による度重なる公定歩合の引き上げや不動産融資に対する「総量規制」、地価税の新設などありとあらゆる地価引き下げ政策の連発により、呆気《あっけ》ない終焉《しゅうえん》を迎えました。

当時は「地価は50％引き下げられる」などという特集番組がテレビで組まれ、多くの専門家が地価を下げても日本経済はびくともしない、といった議論を延々と続けていました。しかしこのカネの突然の供給ストップは、地価の暴落を招き、金融機関は多額の不良債権を抱え、そして多くの事業法人が「価値が下がり続ける＝不動産」という負の遺産に苦しむこととなったのです。

この平成バブルの崩壊は、カネの過剰流動性がもたらした一種の社会現象でもありました。優良な担保だった不動産の価値が減じることが、事業法人のバランスシートを傷《いた》め、含み損を形成する。ただでさえ流動性に乏しかった不動産をマーケットで売却しようにも、買い手側にも融資がつかない。含み益の顕在化だけが融資を返済できる根拠だったこうした不動産取引は、カネの供給ストップにより次々に突然死を遂《と》げることとなったのでした。

苦肉の策の証券化

バブル崩壊後の日本経済はその後の長い不況に悩まされることになります。当初は「失われた10年」などといわれましたが、10年どころか、その年数は時が経《た》つのに合わせて15年、20年などと表現されるようになり、長期かつ深刻な状況となっていきました。

一方で不動産マーケットには、新しい流れがやってきました。1990年代の終わり頃から暴落して回復の兆《きざ》しが見えない日本の不動産、とりわけ融資をして焦《こ》げついた不動産を担保とした不良債権を買い上げる動きが出てきたのです。この動きを先導したのが外資系マネーでした。

担保にした不動産を売ろうにも売れずに、硬直化していた金融債権を、これら外資系マネーが「格安」で日本の金融機関から引き取るモデルです。当時は外資系による日本の不動産の「買い漁《あさ》り」などと呼ばれました。彼らは引き取った債権をさらに細分化して世界中で転売し、その鞘取《さやと》りをして儲《もう》けたのです。

不動産がいつのまにかペーパーとなり、世界中に流通していく。今までの日本の不動産ではありえなかった構図です。これが不動産の証券化への道につながっていきます。

この証券化の手法は、中古のオフィスビルやマンションなどへの投資にも応用されるようになりました。それまでのように不動産物件を担保として、その不動産を所有する企業や個人に直接融資をするのではなく、ファンドと呼ばれる物件単体（ないし複数の物件）のみを所有する目的で設立されたビークル（器《うつわ》）に、資本と負債に分けてカネを投資する手法が脚光を浴びるようになったのです。

この手法を用いる最大のメリットは、ビークルが所有する不動産から生じる収益だけを返済原資とするファイナンス手法であったことです。つまり、平成バブル時には企業や個人に直接貸し付けていた形態からファンドそのものに対するファイナンスとなったために、これに投資や融資をする側は不動産そのものの評価のみに立脚して投資や融資を判断すればよくなったわけです。

したがって、不動産が生み出す収益（インカムゲイン）に注目が集まり、投資利回りが何％であるかが投資判断の基準となりました。かつての勝手に上がる不動産の担保評価に基づくファイナンスとはまったく違う考え方になったわけです。

さてこの手法では、投資を行なうのは、このファンドの資本の部分ということになります。今までは企業への直接融資を受けて買っていた不動産でしたが、この手法で買った資本部分はファンドというビークルの資本です。つまり、投資家が購入するのは現物（リアル）の不動産ではなく、ペーパー化された不動産（エクイティ＝資本）というわけです。

バブル崩壊後は、企業による直接の不動産取得に対して厳しい姿勢をみせた金融機関も、このファンドを利用したファイナンス手法にはおおいにカネを出しました。

またこの不動産の所有を表象化した資本の部分は信託受益権として不動産本体よりもはるかに流動性が高い金融商品として流通するようになりました。

こうした証券化とは、いわば、現物不動産にやけどして懲《こ》りた不動産会社や金融機関が苦肉の策として新たに担ぎ出した不動産投資手法ともいえるものだったのです。

ファンドバブルの興隆と、リーマン・ショックによる裏返し

このファンドという手法を用いた不動産投資は２０００年代に入り、マーケットの主役に躍《おど》り出ました。多くのファンド運用会社が設立され、都心の不動産を中心に活発な取引が繰《く》り返されるようになります。

まず、ビルなどの中古不動産を買うためのファンド（多くは特別目的会社などの単なるハコ＝名目的な会社）をこしらえ、そこに投資をしたい複数の投資家のお金を集めます。集めたお金を資金にオフィスビル等を購入し、テナント料などから得られる運用益を投資家に配当する。ファンド運用会社はこのファンドを運用し、運用報酬を享受する。いわば他人《ひと》（投資家）の褌《ふんどし》で相撲を取る手法、これが不動産ファンドビジネスです。

２００８年に金融商品取引法が改正されるまで、ファンドビジネスにはほとんど規制がなかったことも手伝って、軍資金なしでたやすく始められる新しいビジネスとして、多くのファンドが設立されました。

また、ファンドを上場させて、資本（信託受益権）の部分を個人を含む幅広い投資家層からお金を集めるようにしたのがＪ－ＲＥＩＴ（不動産投資信託）と呼ばれる仕組みです。ＲＥＩＴは多数のオフィスビルやマンション等を投資家のお金と金融機関からの融資で購入し、この運用益を配当することで成り立つ仕組みで、東京証券取引所に上場し、一般企業の株式に相当する投資口が１口10万円から１００万円程度で毎日取引されることになりました。

このように不動産は、かつてのような「動かすことができない」「金額の大きい」投資対象から、手軽に売り買いできるペーパーに替わることで、新しい投資家を集めることに成功したのでした。

ところが、この宴《うたげ》はあっという間《ま》に終焉を迎えることになります。2008年、米国の証券会社リーマン・ブラザーズの破綻《はたん》をきっかけに世界的な金融収縮の動きが顕在化し、それまで日本でも潤沢に資金を供給していた欧米の金融機関のお金が一斉に引き揚げられたのです。

日本の金融機関は欧米ほどの影響はなかったものの、この動きに同調し、ファンドに対する資金を引き揚げはじめたので、多くのファンドが苦境に陥《おちい》り、これらのファンドを運用する会社の多くが倒産してしまいました。

ところで、他人の褌で相撲を取るのが、ファンドビジネス。本来なら、金融という血液が流れなくなって困るのは、実際に資金を投じているファンド本体のはずです。ファンドにお金を提供した投資家や金融機関が損失を被《こうむ》ることはあっても、ファンドを運用して一定の運用報酬を受け取るだけの運用会社には影響がない仕組みのはずです。

それでも倒産してしまった理由は、ファンドの運用報酬だけでは飽き足りなくなった多くの運用会社が、自らも投資家となって、ファンドの資本を投資家といっしょに買うようになったことでした。運用会社が、いわばファンドの投資家と同じ舟に乗ってしまったようなもので、金融機関が融資を引き揚げ始めたとたんに、自身の資金が保てなくなってしまったのです。

この世界的な金融危機の影響は多くのファンドを閉鎖に追い込み、また2007年5月には41銘柄、時価総額で6兆800億円台に膨《ふく》れ上がったREITもその額が2兆円台にまで縮小する事態となりました。

2008年から2010年にかけて生じたこの事象を、世の中では平成バブル崩壊に続く「ファンドバブルの崩壊」と呼んでいます。

図表① ファンドの仕組み（所有関係）

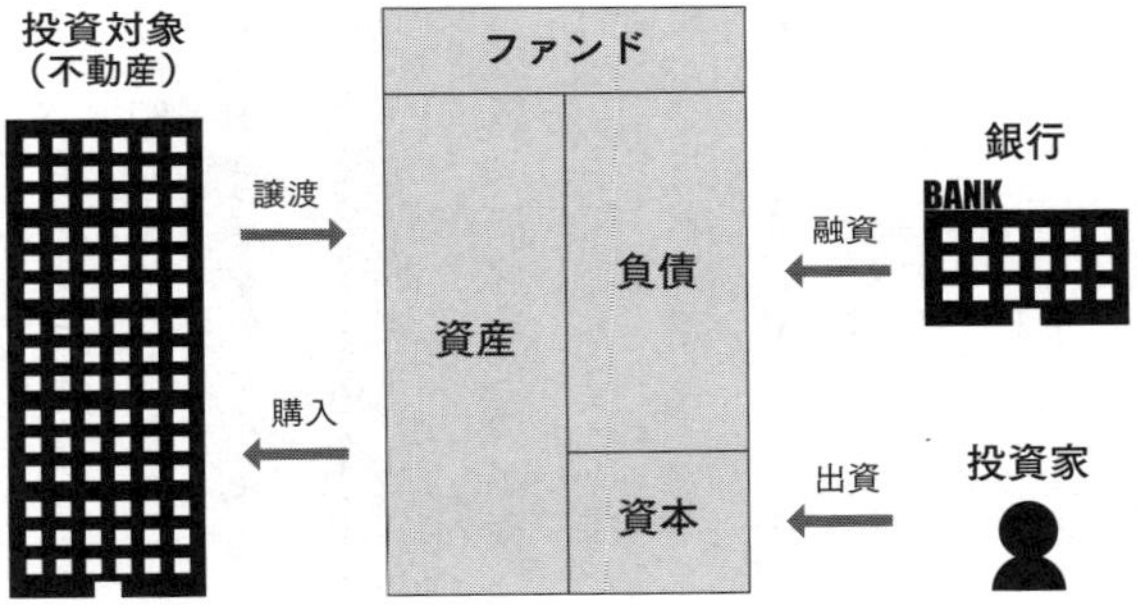

ファンドの仕組み（運用）

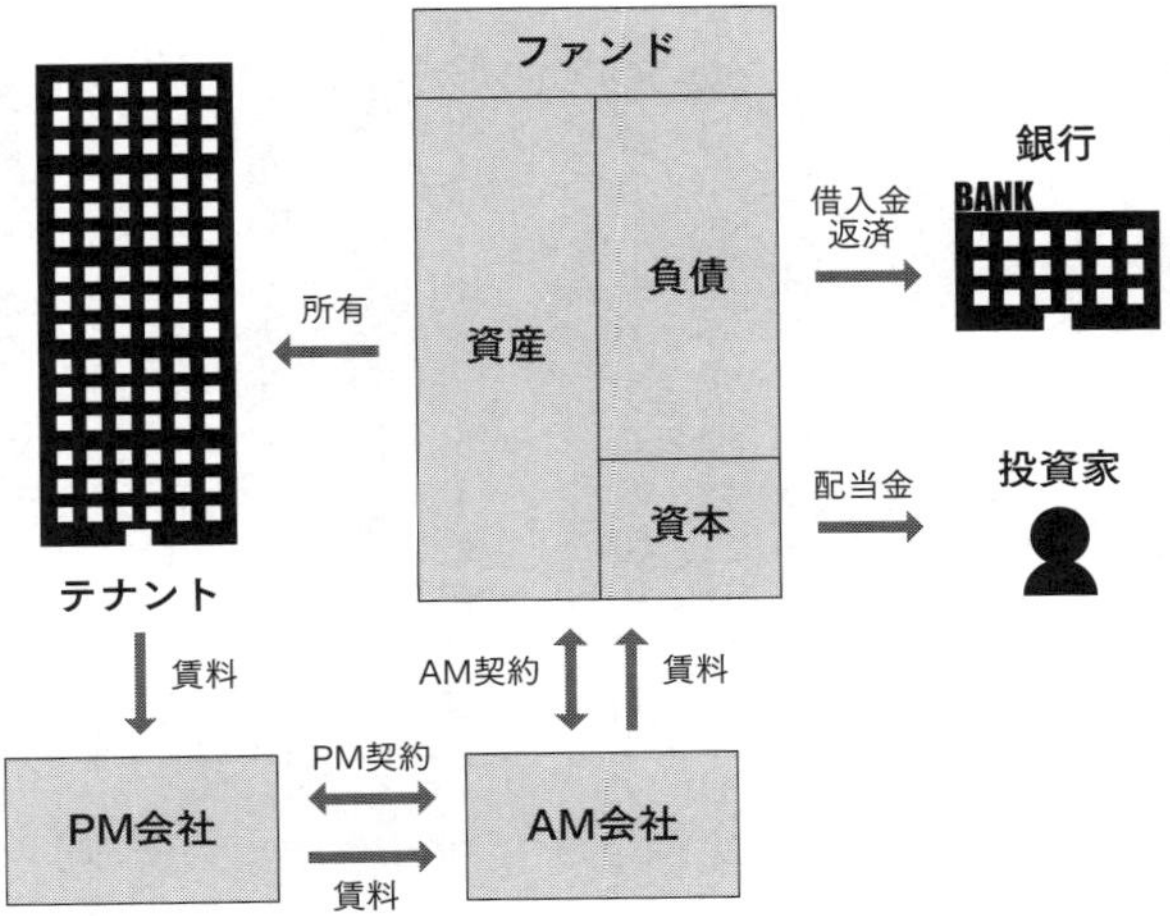

ファンドバブル崩壊と平成バブル崩壊とは、何が違うのか？

バブルが崩壊する過程や原因は、実は2つのバブルともまったく同じです。平成バブルは日銀の突然の金融引き締めにより、金融という「血液」が供給停止になったことを原因とする突然死であり、ファンドバブル崩壊は海外からの「輸入物」である「血液」の突然の供給停止による突然死であるということなのです。

両バブルの崩壊はその原因が金融のストップである点では同じなのですが、実はそこには本質的に違う部分が存在します。

それは一言でいえば、平成バブル崩壊は不動産というリアルな実物に対する信用収縮であったことに対し、ファンドバブルの崩壊は不動産を裏付けにして転々と流通していたペーパーに対する信用収縮から引き起こされた崩壊であったということです。

金融という道具はこの20年ほどの間に目覚ましい進歩を遂《と》げて、複合化、複雑化しています。平成バブルの時のような単純に不動産を担保にした事業法人融資とは異なり、さまざまな金融技術を駆使して、本来のお金の価値の数百倍、数千倍にも膨らませた仕組みを作り上げ、これを金融商品として世界中にばらまいていたのです。

この代表的な事例が米国で生じたサブプライム・ローンです。住宅ローン債権を転売していく過程で、小口化し、他の債権と組み合わせ、そのうちどこにどのようにつながっているのか、このローンが表象している実物の不動産が何であるのかが誰にもわからないような金融商品に仕上がっていたのです。

金融技術を駆使して限りなく「バーチャルの世界」に組み込まれていたお金が、リーマン・ショックを契機に引き起こされた金融危機に遭遇したことで、マーケットから一斉に逃げだそうとしたのが、このファンドバブル崩壊の実像だったのです。

実際には世界金融危機の影響は、日本においては相対的には軽微であったとも言われています。サブプライム・ローン債権の保有額においては日本の金融機関は世界の上位に位置するわけではありませんでしたし、前回のバブル崩壊時のように国内の代表的な金融機関が倒産するような事態にはなりませんでした。

しかし、すでに金融という世界は、国境を超えて世界と完全にリンクして動くものとなっています。欧米の危機は日本の危機。日本においてもそれまで円滑な資金の供給を受けていた不動産や株式のマーケットのプレイヤーは、この金融危機に際して恐怖を覚えあわてて「売り逃げ」ようとし、マーケットは奈落の底へと落ち込んでいったのでした。

そうした意味で、ファンドバブルの崩壊は日本の不動産の根源的な問題から生じたものというよりも、世界中にリンクした金融という仕組みがもたらすバーチャルな世界での出来事に日本の不動産が振り回されたと、捉《とら》えることができるのです。

東日本大震災は、不動産マーケットに何をもたらしたか

2008年から2009年にかけてのファンドバブルの終焉から、現在に至るまでの不動産マーケットを概観する時に避けて通れないのが、2011年3月に発生した東日本大震災です。

この未曾有《みぞう》の震災は、日本の不動産マーケットに「地政学」の考え方を強烈に植えつけることとなりました。

日本が「地震国」であることは、これまでも世界の常識でした。2000年頃より日本にさかんにやってきて不動産を買い集めた外資系マネーも、不動産投資にあたっ

ての最大のリスクファクターとして「地震リスク」を挙《あ》げていました。

余談ですが、不動産証券化業界では今や常識となった数値にＰＭＬ（Probable Maximum Loss）という指標があります。この数値はもともとアメリカの保険業界で使用されてきた概念だったのですが、現在では日本において不動産投資を行なう際にも頻繁に利用されるものとなりました。

この指標は次のように定義されます。

「投資対象とする建物の使用期間中に想定される最大規模の地震（再現期間４７５年相当＝50年間で10％を超える確率）に対して予想される物的損失の再調達費に対する割合」

つまり、この５００年ほどで起こることが予測される最大級の地震が発生した時に、建物のどのくらいの割合が損失するか、という意味合いの数値です。

多くのファンドやＲＥＩＴなどのように、不動産を証券化してマーケットに幅広く流通させる手法で不動産に投資している業界では、いざという時のリスクの評価としてこの考え方を用いて建物の評価を行なっています。

震災が日本の不動産に与えた影響は、このような建物の堅牢《けんろう》さだけではありませんでした。都内でも多くの場所で発生した地盤の液状化現象はそれまでは、「わかってはいてもそれほど現実として意識はしていなかった」土地が流れてしまうという「あり得ない世界」が現実になった瞬間でもありました。

さらに事態をより深刻なものにしたのが津波と放射能リスクです。臨海部を中心に展開する日本の多くの都市が津波の危険にさらされていること、同様に海岸線に沿《そ》うように建設された原子力発電所がその津波をまともに受けるという恐怖が、現実問題として日本のどこにでも存することが明らかになってしまいました。

震災発生後、日本の不動産に対する評価が一変したのは、言うまでもありません。多くの外資系ファンドは日本から撤退しました。もともと金融危機で自国の景気もおかしくなっていた欧州系はもちろんのこと、地震や放射能リスクを心配する米国系の多くのファンドが拠点を香港《ホンコン》やシンガポールに移転したり、東京事務所を閉鎖することとなりました。

平成バブルが崩壊した時は、マーケットにおけるプレーヤーの大半が日本人や日本企業でした。多額の含み損を抱え、売るに売れない大量の不動産がマーケットに放置され、不良債権の処理に悩む金融機関がいくつも経営危機に陥りました。

一方、ファンドバブルの崩壊と東日本大震災の発生は、それまで日本の不動産マーケットで猛威を振るっていた外国人をシュリンク（縮小）させるに十分な事象となりました。彼らは日本の建物が地震に強く堅牢であることを認識するよりも、日本という国の抱えるリスクをシミュレーションし、投資を控えるというバーチャルな世界での判断を優先したわけです。

東日本大震災では、東京都内のオフィスビルやマンションなどで特に甚大《じんだい》な被害が生じたことはありませんでしたが、東京直下型地震の発生リスクやその際の被害想定などのさまざまなシミュレーションで、外国人は日本の不動産を評価したのです。

それがたとえバーチャルなものであったとしても。

2種類の不動産が併存する現在

さて、平成バブルの崩壊とファンドバブルの崩壊、これに続く東日本大震災の影響を経て、今日本の不動産をどのように考えればよいのでしょうか。

仮にここに2つのまったく条件の同じオフィスビルが存在するものとしましょう。場所は同じ東京の銀座《ぎんざ》。築年数も一緒。Aビルは老舗《しにせ》企業の所有。そしてBビルはファンドが所有しています。

両ビルの登記簿謄本を見ると、Aビルは老舗企業が所有権を持ち、建築後金融機関からいくばくかの融資の極度額が設定されています。一方、Bビルの所有権は信託銀行名義となっています。また融資も複数の金融機関から受けており、金額もかなりの額に上っています。

どちらも同じ場所、同じ築年数、同じ仕様とするならば、テナントに対する賃貸料などはほぼ同じとなるはずです。

ところが、実際はビルの運用状況には大きな差が生じていることがあります。

Aビルは銀座でも老舗企業。テナントとも中長期にわたるリレーションを重視するので、景気の動向にあまり左右されずに、賃料の値上げや値下げを頻々《ひんぴん》と行なうことがありません。

金融機関からの融資も、不動産を担保に運転資金の一部を調達しているだけですので、大きな金額でもありません。また、会社にとっては大切な資産でもありますから、修繕工事も中長期の計画の下《もと》、じっくりしっかり行なう傾向にあります。

一方で、Bビルは証券化された不動産。つまり不動産を信託受益権というペーパーに替えて投資家に保有させています（そのために所有権の名義も信託銀行となるわけです）。投資家は常に営業上のハイパフォーマンスを求めます。また短期でビル全体を売却して売買益を享受しようという狙いもあります。

したがって、運用会社は短期間で最大限の収益を目指すために、ビル賃貸マーケットの動向には敏感になります。彼らは常に、今後のビル賃貸収益をエクセルシートでシミュレーションしているので、各テナントに対して今後どのような交渉をして賃貸料をアップさせるのか作戦を練っています。具体的には今後の世界経済の動向や金利、為替などいくつもの指標を参考にしながら現在の賃料が本当に適切な金額なのかを常にチェックしているというわけです。

また、どちらかといえば中長期的に必要な修繕工事などについては、そもそも中長期で所有する前提がないために、どうしても後回しになる傾向もあります。

このように一見してまったく同じに見えるビルでも、その所有が「リアル」な不動産として付き合っているオーナーと、信託受益権などのペーパーとして実態は多くの投資家が分散して所有し、一定のシミュレーションを常に施《ほどこ》しながらいわばバーチャルな不動産として運用しているものとに、分かれてきているのです。

見た目は同じような形をした不動産であっても、中身＝内臓はまったく異《こと》なる不動産が今世の中で併存しています。

本書ではこれを「リアル不動産」と「バーチャル不動産」と名づけて、今後の日本の不動産を考える際のヒントにしたいと思います。

アベノミクスは、不動産マーケットを救うのか

２０１３年４月、新しく日銀総裁に就任した黒田東彦《くろだはるひこ》氏が発表した方針は、マーケ

ットへの大胆な資金供給を柱に、国債の大量買い入れと買い入れる国債の残存期間を従来の3年程度が中心だったものを長期の国債にまで広げた意味で、マーケットを驚かせるものでした。このうち不動産マーケットに影響を及ぼす内容は、おおむね2つです。

ひとつ目は、大胆な資金供給についてです。

日銀からマーケットに対して大量の資金供給がなされると、不動産マーケットにいったいどういうことが起こるのでしょうか。

金融機関はだぶついたお金をなんとか使おうとします。今までもこれからも一番手っ取り早いのが国債を買うことですが、これだけ供給されるとさすがに消化に困ります。政府としてはこれをぜひ民間の設備投資や運転資金に潤沢に供給してください、ということになります。

しかし、日本国内はすでに成熟した経済社会。それほど多くの資金需要がいきなり発生するわけでもありません。金融機関からみれば、このお金を不動産融資に振り替えるのは手っ取り早い資金の消化となるのです。

そこで不動産マーケットを顧《かえり》みれば、リーマン・ショック後でお値段も安い。不動産価格が「底」とみる個人や中小事業法人にも、積極的にお金を貸し付けようという動きになってくるわけです。

そうなれば不動産価格は上昇に転じ関連する建設業界も潤《うるお》うし、取引の活発化は不動産仲介や不動産運営会社、管理会社にも恩恵が及ぶというシナリオが現実味を帯びてくることになります。

2つ目が、今回の方針で日銀が不動産投資信託の積極的な「買い入れ」について標榜していることです。

日銀は2010年10月に国債やETF（上場投資信託）、J－REIT（不動産投資信託）などを買い入れる基金を創設しています。

39ページの表は、基金の創設時点から現在に至る買い入れ枠《わく》と、実際の保有額の推移を追ったものです。基金創設時のREITの買い入れ枠は500億円でしたが、東日本大震災が発生した2011年には1000億円に、同じ年の8月に1100億円、2012年4月には1200億円と順調に枠を拡大してきました。

図表② J-REIT時価総額推移

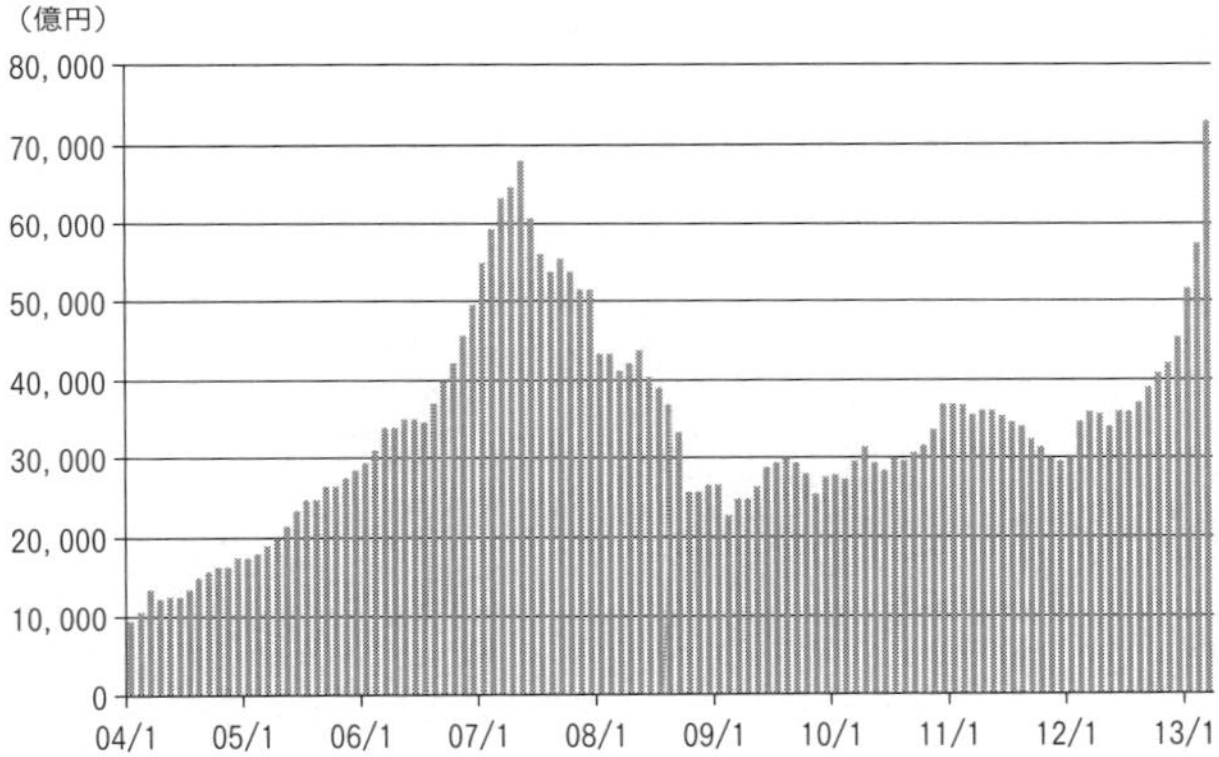

出典：一般社団法人不動産証券化協会

図表③ 日本銀行のJ-REIT保有残高の推移

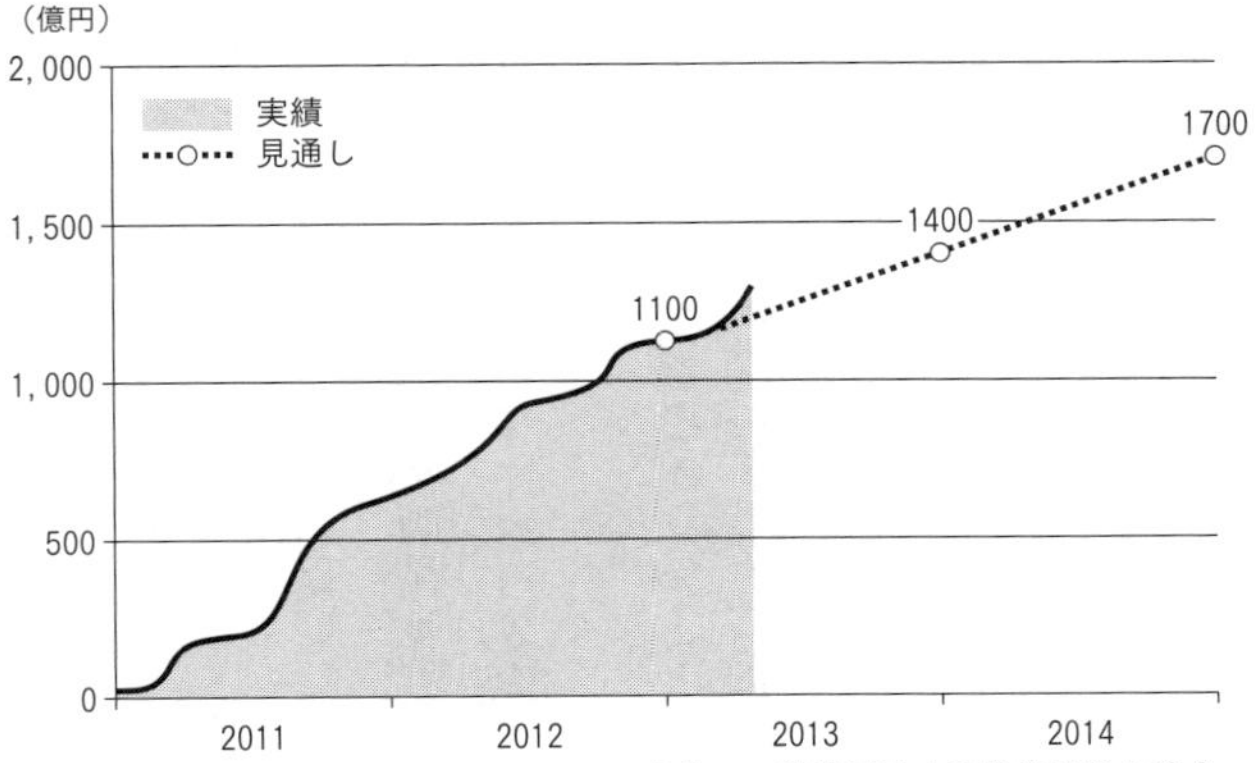

出典：一般社団法人不動産証券化協会

この買い入れ枠を今後、年間300億円ずつ上積みしていくというのが、今回打ち出された方針です。

　このように枠が拡大することの意味合いは、REITマーケットで常に日銀という積極的な「買い手」がいるということです。つまり、「REITを安心して買ってください。売りたい時には買ってくれる大旦那がいますよ」というわけです。

　安心した買い手がどんどんREITを買おうとする。するとREITの投資口（一般事業法人でいう株式に相当するもの）の価格が上昇する。

　REITの価格が上がるということは、REITにとってどこがよいことなのでしょうか。それは、REIT各社（この場合は投資法人）は新たに増資をすることで新しいお金が調達しやすくなるということです。

　資金がゆるんだ金融機関からお金を借り、日銀が買い支えてくれるREITマーケットで増資することで調達したお金で、不動産をどんどん買うことができる。REITが中心となって不動産を買うことで、日本の不動産は値上がりする。資金がさらにマーケットに流れ込む。日本の経済は活況の時を迎える。だいたいこんなシナリオなのです。

一見よいことずくめのように見える内容ですが、ちょっと待ってください。皆さんの中にも、

「それって、いつか来た道？」

と思われた方が多いのではないでしょうか。

平成バブルの原因が過剰な資金供給にあったことはすでに述べたとおりですが、今回のアベノミクスも実態はほとんど一緒なのではないかということです。

さらに平成初期と比べて現代の日本では、当時とは比較にならないほど不動産を取り巻くファンダメンタルズに大変化が起きているのです。

平成初期とは異なる日本が抱える新たな環境のもと、日本の不動産はどうなっていくのでしょうか。まず、日本の不動産を取り巻くファンダメンタルズの劇的な変化から考えていくことにしましょう。

第1章　不動産マーケットの将来

1　次の20年で起こること＝3つの「空《あ》き」問題

「ひと」「いえ」「しごと」の3つの「空き」

日本の不動産は、政権が替わった、金融政策で潤沢な資金が供給される、不動産金融商品を継続的に政府、日銀が買い支えてくれる、これだけの理由ではたしてバラ色の世界になるのでしょうか。あるいは平成バブルの時のように、誰もが不動産を買って大儲けするような時代がふたたび日本に訪れるのでしょうか。

景気の良い話というのは、誰しも耳に心地よいものです。平成バブルが生じる以前の1980年、ビートたけしの「赤信号、みんなで渡れば怖くない」というセリフが一世を風靡《ふうび》しました。この心境とバブルと言われている事象は、人間の心理としてはきわめて近いものがあるのではないでしょうか。

しかし、今までに起こったこととこれから起こることとは、同じ法則で考えることはできません。今後の日本の不動産を見通す上で、不動産を取り巻く環境の変化を冷徹に分析することも必要です。そしてその分析を通して新しく見えてくるところに不動産の明るい可能性が見えてくるものと思います。

本書では今後の日本の不動産マーケットについての予測、もっとも30年も40年も先を予測することは預言者にでもおまかせすることにして、今後20年程度のタイムスパンで考えることに主眼を置いています。

そこでどうしても避けられない環境変化として、３つの「空《あ》き」問題を取り上げたいと思います。つまり「ひと」「いえ」「しごと」の「空き」についてです。

これらはいずれも今後の日本社会に確実に到来し、国全体として克服していかなければならない人口の減少および高齢化を起因とする問題です。

日本は世界でも類《るい》をみない速度で人口減少、高齢化が進んでいく最先端の国です。「ひと」の減少は社会全体を支えるインフラに大きな影響をもたらします。結果として社会にはいらなくなる「いえ」が急増する。オフィスや工場では仕事の量や質が変化していらないスペースが増える。産業全体が空洞化する。などといった現象がどんどん顕在化することが予想されます。また一方でその変化の行きつく先を着実に見通すことで、新たな不動産に対する需要も掘り起こせるかもしれません。

まずは、日本の国内に内在し、克服しなければならないこれらの問題について俯瞰《ふかん》してみることとしましょう。

人口減少と不動産

不動産は「ひと」の一日、一生のすべてのシーンでかかわる重要な存在です。なぜなら、「ひと」が生活する家（住宅）を中心に学校や会社などの建物（オフィスなど）に行き、買物をするのにお店に行き（商業施設）、休日に遊ぶ（ホテル、リゾート施設）、すべての人生において不動産は「ひと」とかかわっているのです。「ひと」がいるところに不動産あり。したがって人口が増加するところには常に不動産に対する需要が存在する、と言われています。

日本は、戦後一貫して人口が増加しました。特に高度成長期の日本は地方から多くの人々が都会に移動する現象が顕著になり、都会の人口は急増。そのために不動産に対するニーズは激増して、地価は一貫して上昇することになりました。

49ページのグラフは住宅着工戸数の推移です。１９９０年代後半まで、全国の住宅着工戸数は順調に増加を続けてきました。ところが２００８年のリーマン・ショック以来、住宅の着工戸数は減少傾向に転じています。

一方で最近、この住宅着工戸数が大幅に改善してきたといった内容の報道も出ていますが、これは短期間での経済、社会の動きに限定されたものであり、中長期的なトレンドは変わらないものと思われます。

さてこうした現象の原因となったのは景気の低迷だけではなく、背景に日本の人口のピークアウトと年齢構成の変化があります。国立社会保障・人口問題研究所の推計によれば日本の人口は２０４８年（平成60年）には９９１３万人、２０１１年（平成23年）現在よりも２８６７万人、約22％の人口が減少すると言われています。

かてて加えて、この問題をさらに深刻にしているのが国民の年齢構成の高齢化です。２０３５年における東京の老齢者人口（65歳以上）が全体の人口に占める割合は30・７％に及びます。この割合は現在の都道府県の中では秋田県に匹敵する数値です。

つまり、2035年の東京は現在の秋田県と同じ顔（年齢構成）になる。これが実態なのです。

「東京は若い人が常にたくさん集まってくるから大丈夫だ」と考えている方は多いのではないでしょうか。しかし現実は、東京をはじめとした神奈川、千葉、埼玉のような首都圏において、むしろ「高齢化」の進展は加速しているのです。

なぜでしょうか。これは団塊の世代を中心に高度成長期に地方都市から東京にやってきた多くの若者が、そのまま東京に職を得て、居《きょ》を構え、歳《とし》を重ねていった姿と重なります。

このように、日本で着実に進行する「人口減少」「高齢化」の問題は、今後の日本の不動産マーケットに大きな「負の要因」となる可能性が出てきているのです。

空家の急増

それでは、この人口の減少と高齢化の問題がすでに不動産のさまざまな側面で影響

図表④ 住宅着工戸数の推移

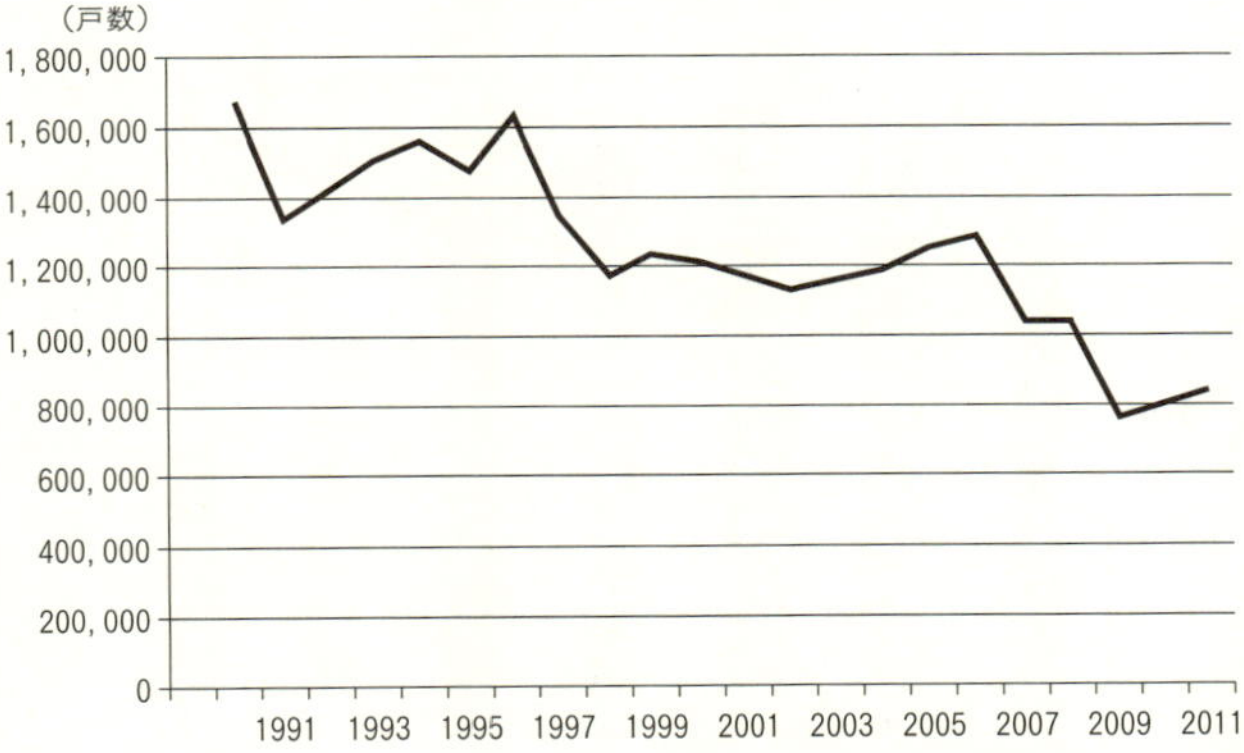

出典：住宅着工統計による再建築状況の概要

図表⑤ 日本の人口および高齢者割合の推移

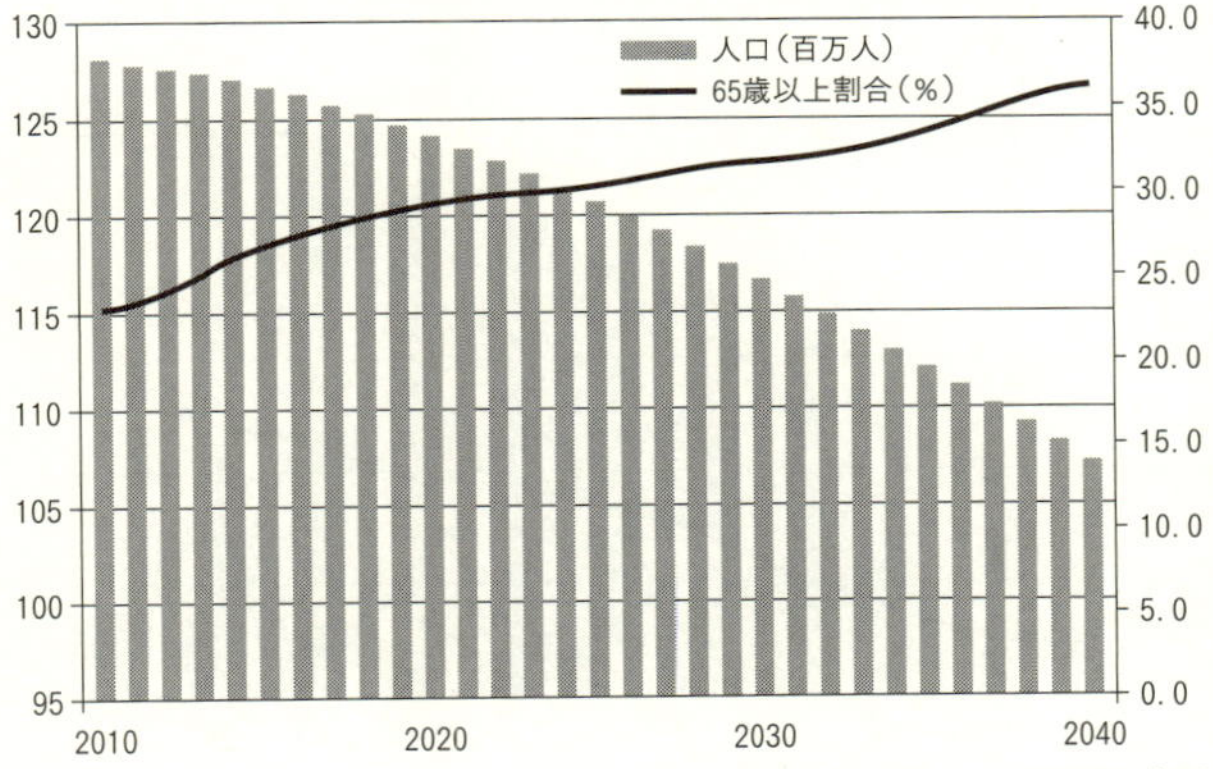

出典：国立社会保障・人口問題研究所

図表⑥ 東京都の人口および高齢者人口割合の推移予測

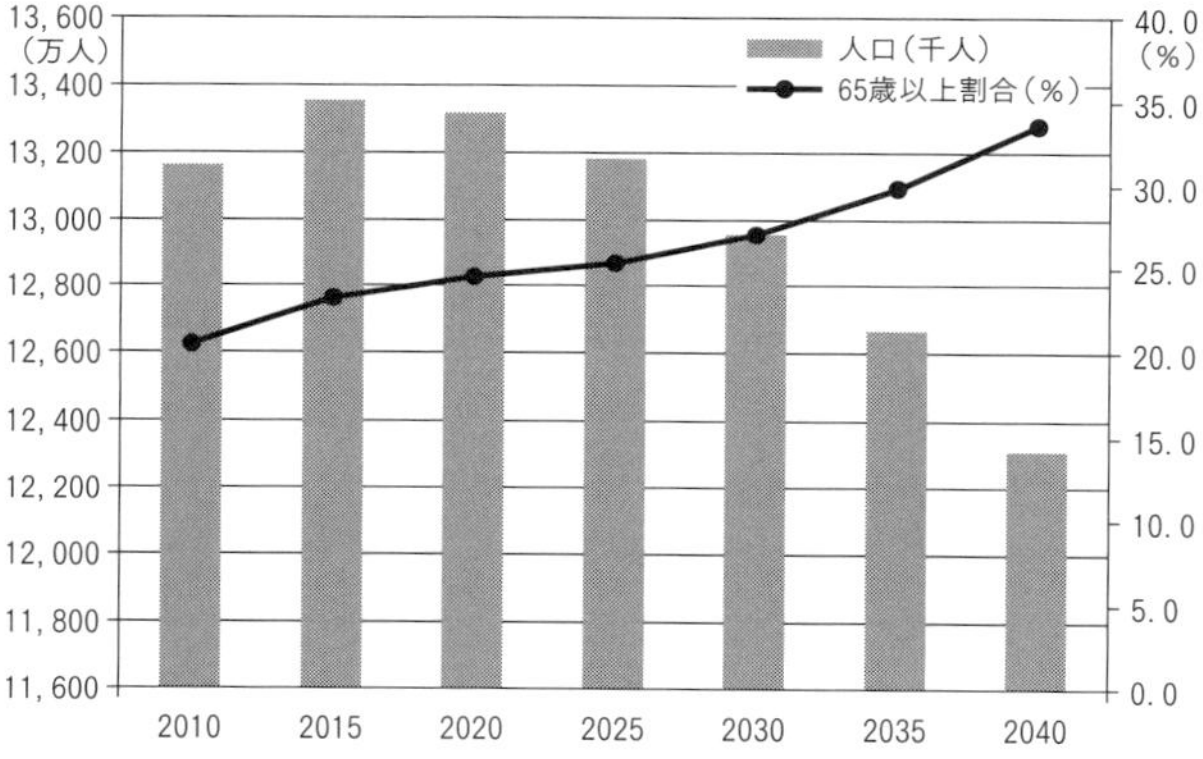

出典：国立社会保障・人口問題研究所

図表⑦ 総住宅数に占める空家の割合

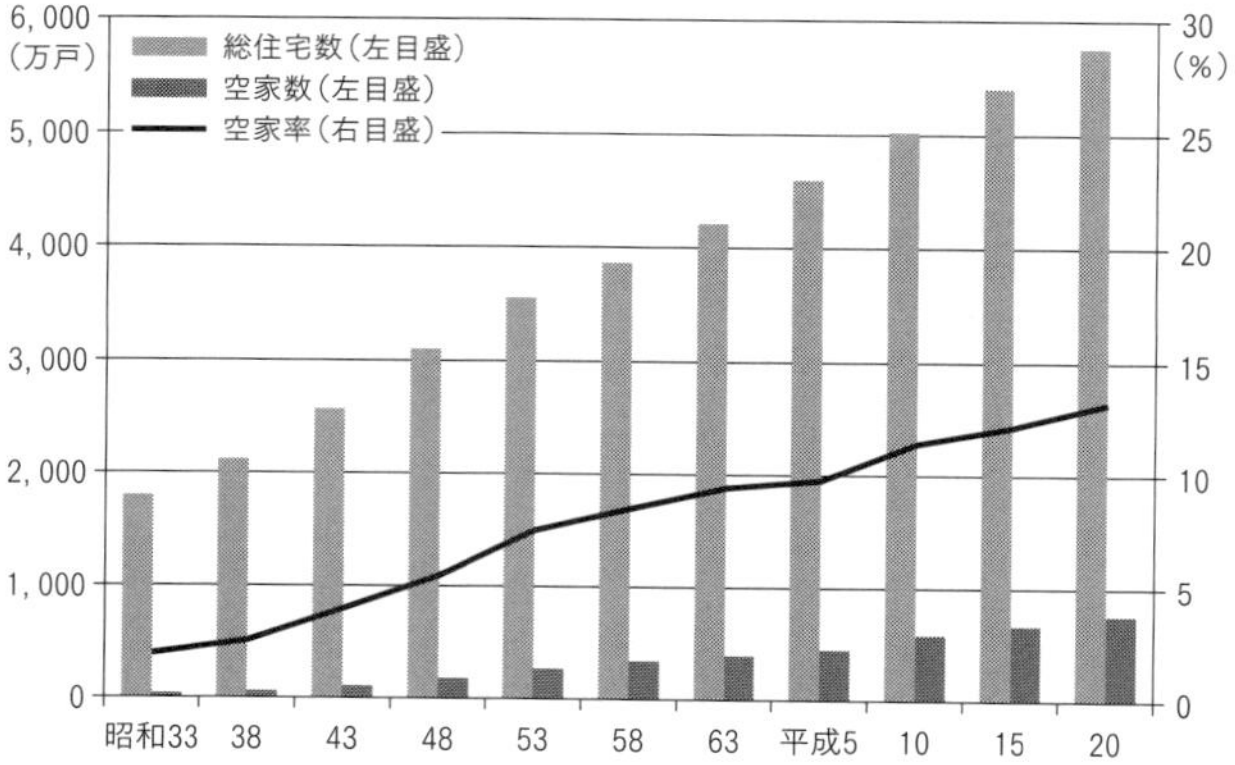

出典：総務省統計局

が出始めている実態について、考えてみましょう。総務省の2008年の住宅・土地統計調査によれば、総住宅数5759万戸のうちの約13％にあたる756万戸の住宅が空家になっています。

現在東京などの都市圏に住む多くの中高年層の悩みの種《たね》は、地方に住んでいた親の家の管理や処分です。地方で暮らす親が亡くなったり、高齢者施設に入居したり、自宅に引き取ったりした後、地元に残された家は「売るに売れず」「貸すに貸せず」の状況に陥っています。

原因は地方都市では人口が減少し、とりわけ若年層が減少したことから、新たに家を持つ担《にな》い手《て》が見つからないことです。

地方都市では、よほど立地がすぐれたところ以外は、不動産における「活用」や「流動化」の可能性は、今やほとんど期待できないのです。したがって、親が亡くなったあとでも、家財道具の処分すらも行なわずに、あたかも倉庫のようにして放置されている家屋も目につくようになっています。

首都圏のような「都会」なら大丈夫なのでしょうか。実は東京においても空家率は

13％と、ほぼ全国の平均レベルの水準にあります。その中で着々と高齢化の波が押し寄せています。

郊外に建てられた憧《あこが》れの一戸建てマイホームに息子や娘は戻らずに、都心のタワーマンションに住む。少子化のために、現在は子供が一人か二人。結局どちらか一方の親の家は、親が亡くなった後は必要がないということになります。空家が都市部でも増加する理由はここにあります。

空家の増加傾向は近年、毎年20万戸の勢いで増加し続けています。このままのペースでいくと次々回2018年の調査ではおそらく1000万戸、つまり全国の総世帯数4999万世帯の20％近くが空家といった深刻な事態となることも予想されています。

住宅需要はどうなるのか

都市部でさえ、人口が減少をはじめ、年齢構成も急激に高齢化が進む。空家が増える。その結果生じる住宅マーケットへの影響はどのようなものがあるのでしょうか。

容易に想像されるのが、住宅マーケット全体の縮小です。人口の減少と高齢化の進展は、おもに住宅の購買層と言われている「働きざかり」の30代後半から40代の人口減少の影響を直接に被ることになります。

55ページの表は首都圏におけるマンション着工戸数の推移です。２００６年までは毎年おおむね10万戸台の着工がなされてきたのが２００８年のリーマン・ショック後、その数は一時４万戸台に落ち込みます。

その後、東日本大震災の影響を乗り越え、現在では７万戸台に回復しています。この点をとらえて、

「首都圏でマンション販売が絶好調」

などという景気の良い報道になるわけですが、回復とはいえど、以前の10万戸と比べるとマーケットはずいぶん小さくなっていることに変わりはありません。

ちなみに契約率70％がマンションの売れ行き好調の目安という表現がよく使われますが、これは実際に供給したマンション戸数のうち、何％が契約に至ったかを示しているだけで、マンションマーケットが売れ行き好調でマーケットが拡大していること

を意味するものではありません。

つまり10万戸供給されて契約率が50％なら契約戸数は5万戸ですが、5万戸供給されて契約率が70％でもその数は3万5０００戸にすぎないということです。

もちろん、都心居住が進む中、まだまだマンション需要は旺盛《おうせい》にあり、マンション業界は当面は安泰だという声も聞こえてきます。このことを裏づけるように、都心3区の人口はここ数年で増加に転じています。２００5年には一時10万人を切っていた東京都中央区の人口も２０１3年1月現在では12万人を超え、２０２5年頃には14万人を超えるとの予測もなされています。

しかしながら、一部の人気エリアでマンション分譲が商売になっても、全体のパイの縮小傾向は今後、顕著になると考えられます。なぜならすでに都心部では、十分な住宅ストックが存在し、あえて新築マンションを購入せずとも、中古マンションの供給圧力が年々増加していくと考えられるからです。

消費者の中でも、なにも新築マンションを購入せずとも同じ立地でいくらでも中古マンションが供給されているのであれば、少しでも価格が割安な中古マンションを買

図表⑧　首都圏マンション着工戸数の推移

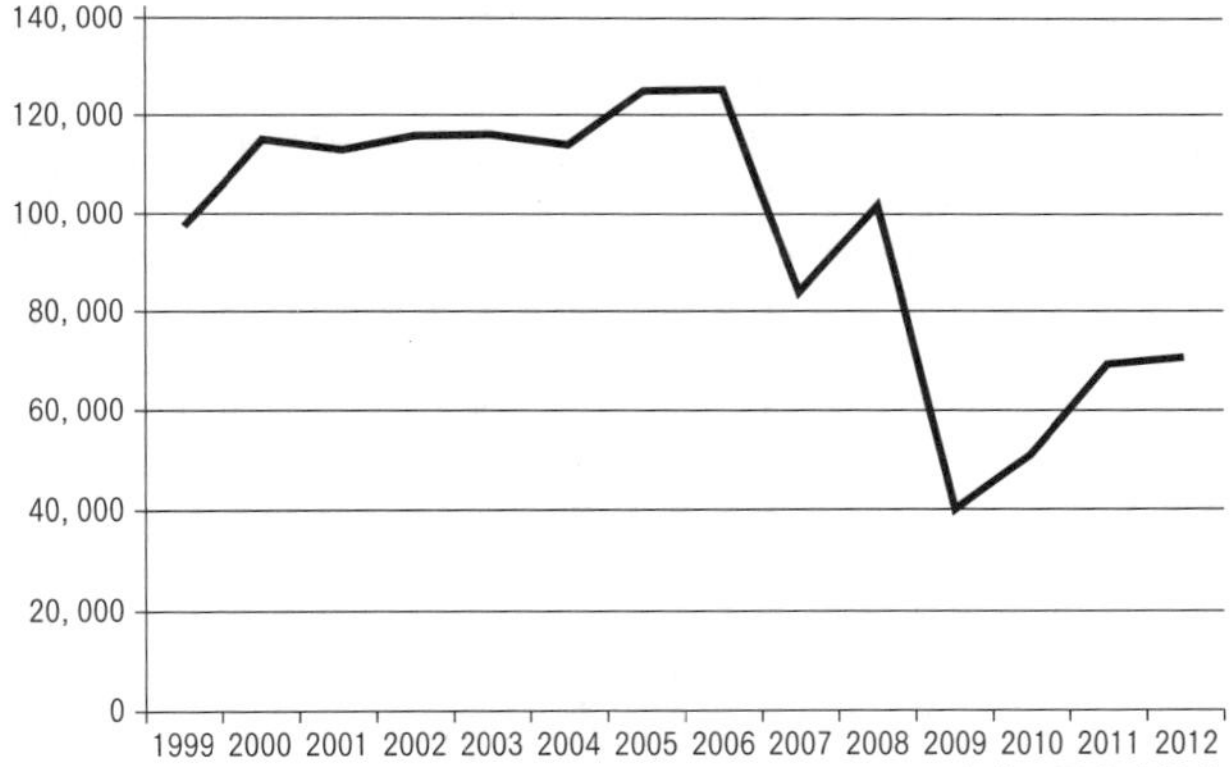

出典：国土交通省

って好きなようにリニューアルを施して自分らしく住もうという流れが出てくるのも、当然のことと言えるでしょう。

　住宅ローン金利の低下や住宅購入のための税制上の優遇などさまざまな需要喚起策でマーケットは当面は堅調でしょうが、ファンダメンタルズを見る限りでは今後の政策変更で大量の移民がやってくるなど社会的な大変動でも生じない限り、住宅需要には限界があると言わざるをえません。

労働力人口の減少と、オフィスマーケット

団塊の世代の大量退職が始まっています。団塊の世代とは1947年から1949年の3年間に生まれた総計約806万人に上る人たちで、2007年から2009年にかけて還暦を迎え、退職することから「労働市場の2007年問題」とも言われました。

さらにこの世代に続く、ポスト団塊の世代と言われる、1950年代前半までに生まれた人たちの退職も始まりつつあります。この世代ですら約180万人から200万人の人口がいます。このうち会社勤めなどの人たちが退職年齢に達するわけですから労働力市場に与える影響は大きなものがあります。

この大量の退職者がオフィスマーケットに与える影響が、懸念されます。ところが実際には勤務延長制度の新設や再雇用制度の導入などによって退職者の数は想定を下回っているようです。

ニッセイ基礎研究所の調査によれば団塊の世代の退職者数は2007年から2011年の5年間で134万人にとどまり、今のところ大きな問題にはなっていないよう

図表⑨ 出生数の年次推移

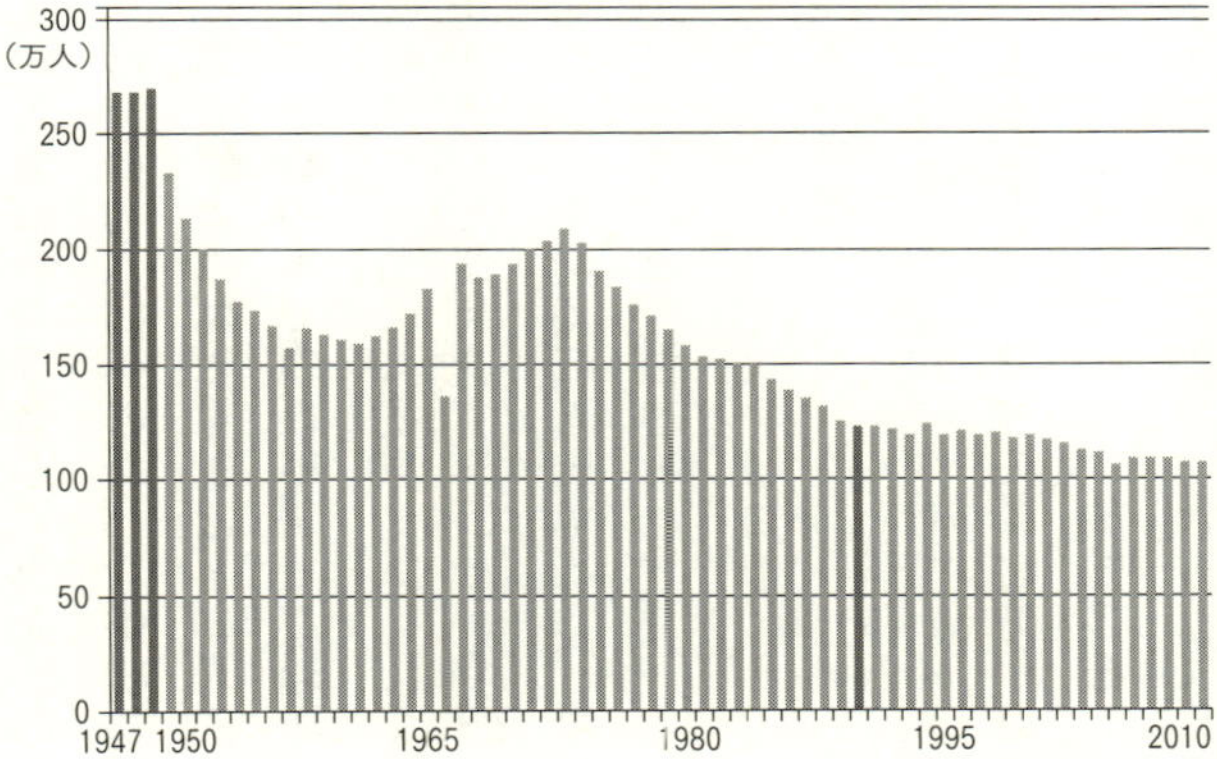

出典：厚生労働省

です。

　また、さらなる高齢者の活用や、再雇用を含めた女性の活用により、労働力人口を維持する動きもあります。また産業構造の変化に伴《ともな》い、１人当たりが使用するオフィスの面積が増加するようになれば、この需要の減少を緩和することは可能かもしれません。

　しかしこの問題はいくら先送りにしても、確実にオフィスをはじめとした不動産マーケットに大きな影響をもたらすことは疑いありません。

　２０１３年４月に大学を卒業して社会人になった男女は１９９０年生まれ。この年に生まれた人は全国で男女あわせて約１２４万人。団塊の世代の半分以下です。今後の労働力人口への新たな供給は細る一方なのです。

同調査によれば、年齢ごとの労働力率が現在と変わらないとすれば、２０１２年から２０１６年までの５年間で、退職者の数は１５８万人にまで増加することが見込まれています。さらに労働力人口の総数は２０３０年には５６４０万人と、現在より約１０００万人も減少することも予想されています。これは総人口に占める労働人口の割合が50％を切ることともなり、結果としてオフィスに対する需要の減少にもつながってくるものと予測されます。

建設業の衰退

国内で、建設業に従事している人の数が減り続けています。建設業は以前から３Ｋ職場とも言われ、昨今の若い方が好んで就職する職場ではなくなっています。

１９９７年には国内で約６８５万人と言われた建設業従事者数は２０１０年には４９８万人とおよそ23％も減少しています。

問題は、従業者数ばかりではありません。建設業に従事する人の平均年齢の高齢化です。このままの状態が継続するならば、毎年大量の退職者が出現することで日本の建設業は機能しなくなってくることが、容易に予想されます。

東日本大震災以降、この傾向には拍車がかかってきています。当初は被災地の復興需要の発生によって建設関連の従業者が東北地方に流れ、その結果として東京都内や他の地方での建設現場で人が足りなくなっていると言われました。

特に人手不足が深刻なのが、鉄筋工、コンクリートなどの型枠工、内装職人と言われ、多くの建設現場で日当が高騰。それでも建設作業というのは巨大なコンツェルンのようなものなので、どこか一つの作業工程が欠けても建物は完成しないために、多くの現場で大変な問題となりました。

しかしこの事象は、被災地の復興支援のせいばかりとも言えないようです。従業者数の減少と高齢化が急速に進展しているために、そもそも建設業が成り立たない構造的な問題が、たまたま大震災を契機に顕在化してきたのです。

さて、この建設業の衰退が日本の不動産マーケットに与える影響とは何でしょうか。建築費の高騰です。建設現場で働く人が足りない、日当を上げてでも集めざるをえない。職人のパイが少ないので、奪い合いになる。上手に人手を手当てできないところは工期が延びる。工期が延びれば、期間中の金利負担が増える。加えての円安。鉄骨などの資材が高騰する。建築費はウナギ上りです。

最近、被災地でホテルの再建を目指すオーナーの方をお手伝いする機会がありました。国からの補助金も確保し、いよいよホテルの再建に向けて着々と準備をされていたのですが、着工をしばらく延期することにしました。問題は建物の建築だったのです。

鉄筋工、型枠工が集まらないのです。彼らは引く手あまたです。より日当の高い現場、あるいは仙台などの大都市圏での仕事を好み、今回のような都会からやや離れた現場には足を向けたがらないのです。よほど日当をはずまないと工事すら開始できない。悩みは深いのです。

これはあくまでも被災地での出来事ですが、今後の日本の不動産マーケットを考える上で、建設業の衰退は深刻な問題と言えます。せっかく描いた絵もそれをカタチにする人がいないと、何の役にも立ちません。

建設費の高騰は不動産としての採算を悪化させます。計画を断念する事業者が増えることで、マーケット全体の流動性が損《そこ》なわれることも心配されます。

このように「ひと」「いえ」「しごと」の3つの空き問題は、今後の日本の不動産マーケットに大きなマイナス要因としてクローズアップされてくることが、懸念されているのです。

2　発展するアジア地域での日本の位置付け

世界における日本の位置付け

不動産マーケットを語る上でもう一つ大切なポイントが、世界における日本という国の持つ力、国力です。これまでもっともドメスティックな世界と言われてきた不動産マーケットですが、グローバライゼーションは確実に起こっています。

平成バブルの頃、ＧＤＰで世界第2位に躍り出た日本の国力は、まさに日の出の勢いでした。当時膨大な貿易赤字と財政赤字の「双子の赤字」に悩まされていたアメリカは、「経済は日本に学べ」というわけで、多くのアメリカ人が日本経済を絶賛し、またその秘密を探るために大勢のビジネスマンや研究者が日本を訪れました。

多くの外資系企業がアジアの拠点としてＴＯＫＹＯを選び、駐在員を派遣したのもこの頃です。

当時は外資系企業を積極的に誘致していたビルオーナーはまだ少なく、大手デベロッパーの中でも森ビルが、自社の持つ六本木や赤坂、麻布近辺のビルで多くの外資系企業にオフィスを提供し、このオフィスに働く従業員の住居を、同じく六本木に居を構えるケン・コーポレーションが斡旋《あっせん》していました。

その後、三菱地所や三井不動産などのデベロッパーもテナントとして外資系企業を意識したオフィス戦略を展開。外資系企業のオフィス需要の動向もオフィスマーケットでは重要な要素となってきたのです。

ところが現在はどうでしょう。経済産業省は２０１０年、「日本のアジア拠点化総合戦略」というレポートで欧米およびアジアの外資系企業にアジア地域でもっとも魅力を感じる国・地域のアンケート調査の結果を公表しています。

この調査によれば、アジア地域の統括拠点やR&D拠点として日本に魅力を感じる企業の割合は、前回調査（２００７年）と比較して大幅にダウン。１位をすべて中国が占める事態となっています。

実際に外資系金融機関の多くが、リーマン・ショック以降アジアの拠点を香港やシンガポールなどに集約する動きが高まり、日本人従業員の解雇が大量に行なわれたのは記憶に新しいところです。この動きは東日本大震災の発生や福島第一原子力発電所の事故などによってさらに加速され、地政学的にも日本を避けてアジアの拠点を設ける動きにつながっています。

世界における日本の地位低下の流れは経済のみならず、学術、教育などあらゆる分野で指摘されています。世界をリードできない国がアジアという地域の中で埋没してしまえば、外国から日本にやってきてビジネスを行なう魅力も、縮小せざるをえません。

加えて、日本のバカ高い法人税率、日本語という特殊言語、国内の種々の規制など

図表⑩ 日本のアジア拠点化総合戦略

2007年度

	日本	中国	インド	シンガポール	韓国	香港
アジア地域統括拠点	23%	18%	8%	16%	4%	20%
製造拠点	3%	62%	12%	2%	5%	5%
R&D拠点	30%	25%	16%	9%	4%	6%
バックオフィス	15%	24%	15%	12%	5%	15%
物流拠点	11%	41%	8%	9%	7%	13%
金融拠点	-	-	-	-	-	-
販売拠点	-	-	-	-	-	-

2009年度

	日本	中国	インド	シンガポール	韓国	香港
アジア地域統括拠点	10%	42%	10%	16%	2%	13%
製造拠点	1%	64%	14%	2%	2%	2%
R&D拠点	21%	33%	20%	8%	4%	2%
バックオフィス	8%	39%	19%	15%	2%	9%
物流拠点	3%	63%	8%	11%	2%	6%
金融拠点	10%	30%	9%	21%	4%	23%
販売拠点	7%	50%	7%	11%	4%	13%

出典：経済産業省

など、日本でのビジネス展開を自ら妨《さまた》げているのが実態です。

アジアの中心はかつての東京から、現在では着実にその地位が香港やシンガポールに移りつつあります。私の知り合いのある起業家は自らの会社を上場するにあたって、たくさんの国内証券会社からの誘いを断わって、シンガポールに上場しました。

上場に伴うコストが東京に比べてはるかに安かったからです。今や資金の調達もグローバルマーケットからの時代。日本という枠組みで考えずに調達できるのです。お金に色はありません。

東アジアという地政学リスク

第二次世界大戦が終結した１９４５年から数えてすでに70年近く、世界大戦と呼ばれるような戦争が起こっていません。これは世界の歴史上ではあまり例を見ない「異常な状態」が長く続いているということだそうです。

それでも世界のあちらこちらで、局地的な戦争は頻発しています。特にイスラム教とキリスト教の根源的な対立は、いつ、世界のどこで戦争が勃発してもおかしくない状況です。

日本の属するアジア、とりわけ東アジアはどうでしょうか。１９５０年に勃発した朝鮮戦争が実はいまだに終結しているわけではなく、「停戦状態」のままでとどまっています。この状態が２０１３年になって、金正恩《キムジョンウン》政権となってから一方的に破棄されたことで、東アジアは戦後ずっと「戦争状態」にあったことをあらためて理解した日本人も多かったことでしょう。

また、長年にわたって互いに触れずにきた領土問題も、日中韓3国のパートナーシップの妨げになっています。加えて第二次世界大戦以来この3国に常に暗雲を投げかけている従軍慰安婦問題、南京大虐殺、戦後補償や靖国神社問題などの解決への遠い道のりが東アジアの安定の妨げになっていることも事実です。この不安定な状況が今後戦争を含めた地域間抗争につながる確率は、残念ながら高まっていると言わざるをえません。

こうした地政学的リスクの存在は、特に海外マネーからみた不動産投資に対する需要の減少をもたらします。ソウルに行かれた方でしたらおわかりのように、ソウル市から車で30分も走れば、北朝鮮との国境である板門店《パンムンジョム》に行くことができます。今好き好んで、ソウル市内の不動産に投資を考える海外投資家は少ないかもしれません。

一方で自らの資産を防衛したい富裕層の一部は、海外に資産を分散したい、ということで海外不動産投資に向かいますが、その際も戦争リスクが低い、政治の安定した国の資産を検討します。東アジア全体の戦争リスクが高まることは、ドメスティック資産の代表である不動産にとっては、マイナスの要因でしかありません。

製造業の国外移転

また、今後の新興マーケットとして期待されるのが、東南アジア＝ＡＳＥＡＮマーケットです。中国、韓国との外交摩擦を背景に日本の製造業は東南アジアに製造拠点を移す流れが加速しています

ＡＳＥＡＮ諸国と呼ばれるのは１９６７年に東南アジアの国々、タイ、シンガポール、インドネシア、フィリピン、マレーシアの原加盟国5カ国で結成された東南アジア諸国連合のことを指します。現在は5カ国に加え、ブルネイ、ベトナム、ミャンマー、ラオス、カンボジアを含めた10カ国に拡大しています。

このＡＳＥＡＮマーケットは、人口で6億人に迫り、ＥＵ（欧州連合）よりも人口の多い巨大マーケットとして、今後の経済成長への期待に熱い視線が注《そそ》がれている地域と言えます。

経済規模は現在ではＧＤＰで2兆１３５１億ドル（２００９年）ほどで、すでにＥＵの８割強の水準に迫っていますが、今後２０５０年までには8億人にも迫る人口増と中間層の台頭が見込まれ、日本の製造業の移転がさらに加速していくことが予測さ

れます。

このように国内製造業が海外に移転することは当然ですが、国内における工場や研究所などの不動産ニーズが減退することにつながります。

人口が伸びないどころか今後減少していくことが確実な日本で製造拠点を拡大することは現実的な選択とは言えません。製造業を支える工場の従業員も国内では減る一方です。

特殊な技術やノウハウのある分野、研究開発拠点などを除き、地方都市を中心に不動産に対するニーズはさらに減退していく可能性が高いものと考えられます。

3 「ヒト」「モノ」「カネ」のあるところに優良物件あり

このように日本の不動産を取り巻く環境はあまり明るいものではありません。ところが現在、世の中では不動産に対する「明るい話題」がメディアなどで喧伝されています。

一部では不動産の値上がりも伝えられるようになりました。実際に今後も日本の不動産はリカバリーを期待できるのでしょうか。

実は不動産マーケットの水面下ではある大きな流れが加速してきています。そしてこの流れのスピードを加速させるさまざまな仕掛けが登場しています。

「上がらぬのなら上げてみせよう不動産」

ということで、国や政府はあの手この手で不動産マーケットの活性化の手立てを講じ始めています。景気の回復には、大型でいちどに動く金額が巨額になる不動産は、ある意味お手軽なツール（道具）でもあるためです。

まずは、最近の不動産マーケットで顕在化してきたいくつかの事象をご紹介しながら、今後の不動産マーケットのトレンドを考えてみることにしましょう。

ひたすら「ヒト」に頼ってきた不動産マーケット

日本の不動産価格は戦後、平成初期のいわゆる「バブル崩壊」までほぼ一貫して上昇してきました。特に１９７２年、田中角栄《たなかかくえい》内閣の時に打ち出された「日本列島改造論」は全国に土地投機を生み、地価が大幅に値上がりするという社会現象を招きました。

また平成初期には、国内マネーの過剰流動性に端《たん》を発したいわゆるバブル景気で、日本の不動産は異常に高騰しました。

このように、時の政策、社会経済の状況に左右される側面はあったものの日本の不動産価格は一貫して上昇を続けましたが、その背景にあるのが地方から都会への継続的な人口流入です。今や日本の人口の約半数が首都圏をはじめとする三大都市圏に集中しています。

ヒトが増えれば、当然住むための家が必要となります。地方から都会に移動してきたのはその多くが地方の次男、三男でしたから全員が都会で働き、都会に家を持ちました。いわゆる念願のマイホームです。

また、彼らが働くためのオフィスや工場などが整備される。彼らに家族ができると、関連した商業施設や遊園地などのリゾート施設も整備される。

人口が増えれば不動産に対するニーズが高まり、不動産価格は上昇していく、という理屈がここにあります。

もっともただ人口が増えるだけならば、世界の多くの国で人口爆発にも似た現象が起こっているにもかかわらず、必ずしも不動産価格の高騰につながっていません。この事象はある程度の経済活動の活発化が前提になるようで、社会を形成する中間層が増加する都市で不動産に対するニーズは急速に膨《ふく》らむものとされています。アジアにおけるソウルや上海《シャンハイ》などがその代表的な事例であり、最近の中国ではこの動きが瀋《しん》陽《よう》や成都《せいと》といった内陸部の都市にまで波及をしています。

「ヒト」が増えるカテゴリーとは

国の経済が成長し、全人口に占める中間層の割合が増え、消費が伸びると、関連する不動産需要が伸びていく。これは世界的に共通した法則といえます。

今、東南アジアにミャンマーという国があります。日本ではアウン・サン・スー・チーさんがミャンマー民主化運動の指導者としてあまりにも有名ですが、今まではミャンマーに関して彼女以外の話題を聞いた日本人は少なかったのではないでしょうか。

この国は人口が約6367万人、面積は67万6578平方キロメートル。人口は日本の約半分ですが、隣国のタイとほぼ同じ人口です。名目GDPは約540億ドル（2012年度IMF推定）、1人当たりGDPは約834ドル（2012年度IMF推定）にすぎず、これはタイのおおむね7分の1の規模です。

ところがこの国は今、「アジア最後のフロンティア」として世界中の注目を集めています。

ミャンマーは1988年以来、長らく軍事政権下に置かれ、自由な経済活動ができず、さらには欧米諸国からの厳しい経済制裁を科《か》されていたことからアジア全体の発展から取り残されてきました。しかし、2012年7月に米国が経済・金融制裁の一部を解除したことから現在では大量の外資系マネーが流れ込んでいます。日本企業もミャンマーが中国などの代替市場の選択肢となるということで2013年になると、たくさんの日本人がこの国に視察に訪れるようになりました。

私の周りのビジネスマンの間ですら、

「おまえ、もうミャンマー行った？」

が、挨拶《あいさつ》言葉になるような状態です。

ではなぜこの国が注目されるのでしょうか。消費市場としての可能性の高さです。人口の７割近くが40歳以下のこの国では今後の消費性向の高まりが期待されていま す。タイと同じ仏教国であり、労働者は比較的勤勉であることも中国からの代替要素として期待される所以《ゆえん》です。

旧首都ヤンゴンの人口は現在約７００万人ですが、今後の都市への人口流入、多くの外資系をはじめとする企業の進出、中間層の台頭によって明るい消費市場が形成される青写真がすでに描かれているのです。当然不動産マーケットも社会インフラの整備とあいまってこの国で大幅な拡大が見込まれています。

現在では日本人駐在員が満足できるようなオフィスビルは、中心部にある「サクラタワー」というビルだけだそうです。駐在員や出張者が滞在するサービスアパートメントなどはキャンセル待ちが数百名などといった事態があたりまえになっています。

ヒトが集まるところに不動産需要が芽生え、その需要の増加にしたがって不動産価格は上昇を続ける。このきわめてシンプルな構図が今この国では現実なのです。

「ヒト」を集める仕掛けをする

ミャンマーでの成功の方程式はやさしくとも、日本はどうなのでしょうか。人口が減ってしまうのは止めようがない。だから日本の不動産はもうだめなのでしょうか。そんなことはありません。

国立社会保障・人口問題研究所によれば、今後2030年までの間に日本の人口は国全体はもとより、今まで国の成長を牽引《けんいん》してきた三大都市圏でも、おしなべて減少するというショッキングなデータを発表しています。

ところが、そんな流れに逆《さか》らうように、人口が増加し続けると予測されている都市圏があります。福岡都市圏です。福岡都市圏はアジアへの近接地として今後の日本の産業の発展に優位なエリアであること、また九州新幹線の開通を契機に、広く九州全体から人が集まる構図にあること、もともと地政学的にもアジアに近く開放的な土地柄であることも手伝い、2030年には2000年と比較して約20%も人口が増加することが見込まれています。

こうした流れを裏づけるように、福岡市内で少しまとまった不動産取引などがあると東京資本なども含めて結構な問い合わせがあります。最近でも私の知り合いの業者からホテル用地として紹介された土地があったのですが、大通りよりやや入ったエリアであるにもかかわらず、あっという間《ま》に買い手がついたということで驚かされたことがあります。

また、地方自治体の中には富山市のように中心市街地活性化基本計画の認定1号としてコンパクトシティ構想を発表。公共交通の利便性の向上、まちなか居住の推進、にぎわい拠点の創出などを柱に、過疎化に悩む郊外から都会への人口移動を促《うなが》し、市街地の活性化を図る事例もあります。ヒトが集まれば不動産は生き返るのです。

ヒトを集めるという意味では、必ずしも人口が増えなくとも中国人の個人観光客向けに3年間有効な数次ビザ（1回の滞在90日間以内）の発給を沖縄や東北3県（岩手、宮城、福島）に認めて、観光客の誘致を図り、地域の活性化につなげることも行なわれています。

図表⑪ 福岡市の将来人口推計

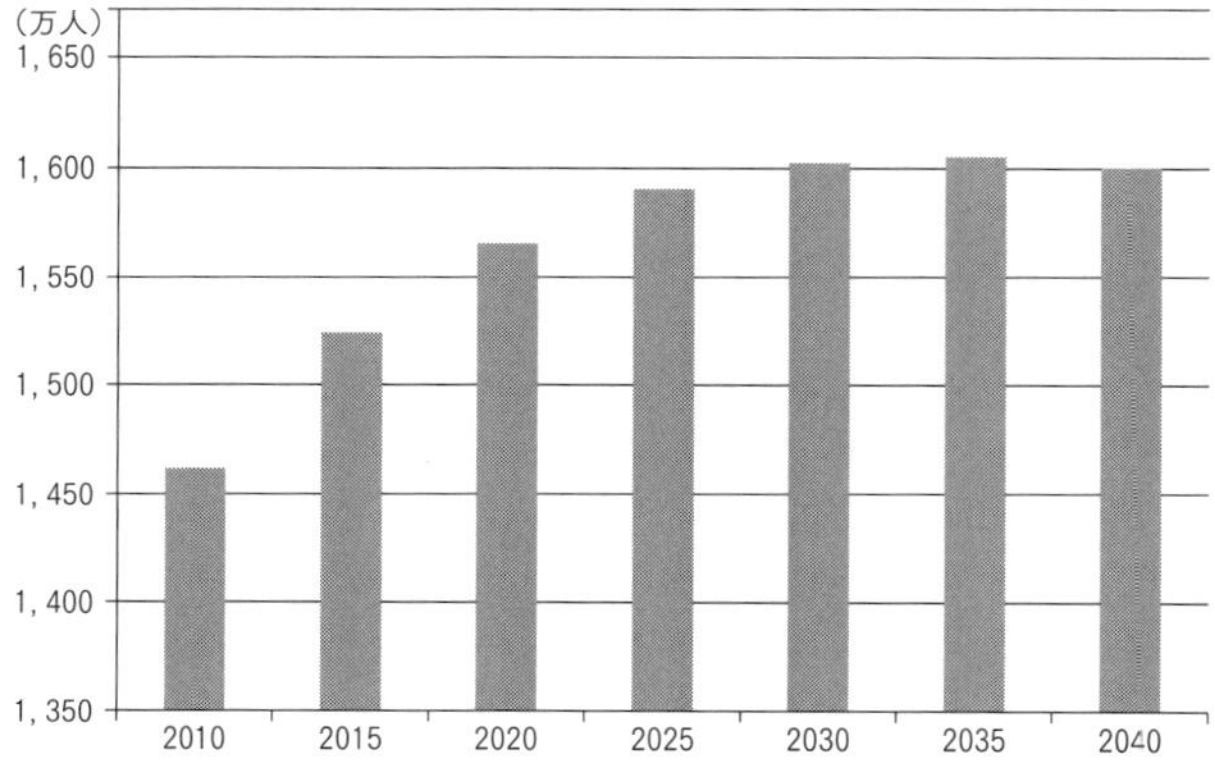

出典：福岡市

ヒトがいないのなら「集める」しかないのです。子育てにやさしい町、若者の起業に補助を出す町、エリア内で働く住民には税金を優遇する、などヒトを集める方法は実はいくらでもあるはずです。

「モノ」を集める仕掛けが大切

物流施設用地の値段が上昇しています。不動産仲介業者の間ではここ数年、「物流施設用地を求む」という買い手情報が増加したことを実感している人が多いようです。

物流施設というと一般の方にはあまり馴《な》染《じ》みがないと思われますが、実は現代の日本の社会インフラとして重要なポジションを占める施設なのです。

物流施設の特徴は一般の不動産とはかなり性格が異なります。つまり、港、空港、高速道路のインターチェンジ、トラックのターミナル、ＪＲの貨物駅周辺など、通常あまり人が生活したり、働いたりしないエリアに立地することが特徴です。

こうした用地は昔から一定のニーズが存在したのですが、最近では通販などの大幅な伸びに伴う宅配便の発達により、多品種少量の輸送が増えたこと、エリアごとにハブを置き、より効率的な輸送を目指す動きが出てきたこと、倉庫での保管、荷捌《にさば》きなどで合理化、機械化が進み、より高度化した設備が求められるようになったことなどを背景に、立地が良く、大型で設備の整った物流施設を求める動きが急速に高まったのです。

物流施設は比較的長期にわたって安定した賃料収入が期待できること、物件の取得費がオフィスやマンション等に比べて低廉なことから安定的な利回りを志向する形で物流施設を積極的に資産に取り込むＲＥＩＴの設立が近年相次いでいます。

ＲＥＩＴで物流施設を取り扱う銘柄は、当初は三菱商事系の産業ファンド投資法人と三井物産系の日本ロジスティクスファンド投資法人の2つだけでしたが、2012年以降大和ハウスリート投資法人、GLP投資法人、日本プロロジスリート投資法人の上場が相次ぐことになりました。

REITはこうした不動産の新しい流れに敏感に反応します。なぜならその背景には、日本の不動産のどこに利益が潜《ひそ》んでいるのかを常に冷静に見極めようとする投資家の目線が存在するからです。

物流リートの相次ぐ上場も、この「モノ」を集める不動産に対する期待の表われなのです。

産業を集積する

モノを集めるのは何も物流施設ばかりではありません。昔から多くの自治体で取り入れられている手法に工業団地というものがあります。

これは自治体などが土地を造成、整備したうえで、企業や工場、研究所などを誘致するものです。誘致にあたっては一定の範囲で税制上の優遇を施したり、地元住民の雇用協力を願い出たり、さまざまな形態のものがあります。

最近では北朝鮮の開城《ケソン》での韓国と共同で運営していた開城工業団地なども話題になったところです。

こうした工業団地による産業の集積は、関連する下請け会社の事務所ニーズや従業員の住宅、商業施設など多くの需要を呼び込むことができます。

また2002年小泉《こいずみ》内閣の規制緩和政策で採用された構造改革特別区域なども教育、農業、物流、街づくり、国際交流、医療、福祉、エコロジーなど、さまざまな分野での産業の集積を狙ったものでした。

アベノミクスも負けてはいません。「アベノミクス戦略特区」として三大都市圏を中心に外国人医師の受け入れ体制の構築、英語対応ができる薬剤師、救急車の設置、外国人労働者の受け入れ特区の構想など、産業を集めて効率性を高め、経済を活性化させる取組みを行なっています。

産業を一カ所に集める。関連するモノが集積することで、不動産に対するニーズを喚起することができます。ハコを作るだけでなく、集まることのメリットを補助金や税制上の優遇措置、対外的な広告宣伝なども含めて用意することで不動産価値の向上が図れるのです。

「カネ」が集中する不動産とは

ロンドン東部のテムズ河沿いにドックランド地区という場所があります。以前はロンドン港の港湾荷役の場所でした。ここのエリアの一部をイギリス環境省が音頭をとって再開発したのが、1980年代でした。特にカナリーワーフ地区はヨーロッパ最大の超高層ビル街へと変身し、世界を代表する多くの金融機関がここに居を構えることになりました。

またこれに関連してレジデンスや高級ホテルなどの進出も相次ぎ、カナリーワーフの不動産価格はウナギ上りの状態となりました。

それまでロンドンの金融の中心といえばシティだったわけですが、ロンドン市内は再開発が難しく、もともと古い倉庫や埠頭《ふとう》で構成されていたこのエリアに巨額のカネをつぎ込んで開発したことで、このエリアの不動産価値は急上昇したのでした。

このカナリーワーフの開発を手本にしたのが、東京のお台場《だいば》の開発と言われていますが、これはお台場と新橋を結ぶ新交通システムゆりかもめの導入に影響を与えたともいわれています。カナリーワーフに行くとエリア内を小さなおもちゃのような電車が走っています。

時の政府や自治体などが音頭をとって、カネを集中的に投下することでエリア全体の不動産価値を高める手法は、多くの国で採用されています。新しい首都の建設などもこの手法に近いものがあります。

ただし、カネの力を借りて不動産全体の底上げを図ることは一方で大きなリスクを伴うものでもあります。国内でも横浜市の主導で開発が行なわれたみなとみらい地区は当初の構想とは異なり、なかなかオフィス需要が取り込めずに何回かにわたって計画の見直しを余儀なくされています。また、千葉県幕張《まくはり》地区も成田空港と東京のちょうど中間地点ということで、多くの外資系企業のオフィス需要が取り込めるという構想でスタートした開発計画でしたが、実際には期待したほど外資系の企業の入居が得られず、テナント誘致で苦戦するオフィスビルが続出したという話もあります。

しかし、不動産の場合、お金は全体に広く薄くばらまいてしまうよりも、一カ所に集中的に投資することによって潜在的なニーズを掘り起こすことのほうが効果が現われるようです。

今、大阪の梅田《うめだ》北ヤードに続々と最新鋭のオフィスビル街が開発されています。その規模は商業施設やホテルを含めて約15万坪。この開発は大阪におけるビジネス構造を完全に転換するものとも言われており、このあおりを食った、従来のオフィス街であった御堂筋《みどうすじ》通り、淀屋橋《よどやばし》から本町《ほんまち》、心斎橋《しんさいばし》にかけてのオフィスに、空室が目立つようになってきました。この現象はカネの集中投下により、従来のビジネスエリアの概念を根底から覆《くつがえ》し、地図を塗り替えてしまった事例です。

カネの力による不動産価値の創出は可能なのです。

このようにヒトの絶対数は増加せずとも、「ヒト」「モノ」「カネ」が集まる仕組みをつくることで不動産需要を創出することができます。

また、不動産というとどうしてもオフィスビルやマンションのようなハコばかりを考えがちで、実際に中で活動するヒトのことをあまり考えてはきませんでした。

しかし、最近ではこのハコの中でどんなサービスを行なうのか、あるいはハコの存在するエリア全体を売り物にすることで新しい不動産需要を取り込む傾向も出てきました。時代はハードからソフトへ、不動産にも知恵が求められる時代になっているのです。

4　ハードからソフトへ～サービス産業への期待

成長するホテル観光業界

東京都心部で高級ホテルの進出予定が相次いでいます。２０１４年には東京の大手町にアジアの高級リゾートの代名詞アマンリゾーツ、AMAN, TOKYOが、森ビルが開発中の虎《とら》の門《もん》ヒルズではハイアットの革新的ブランド、アンダーズ 東京が、そして２０１６年には同じく大手町に「星のや　東京」がオープンを予定しています。

また、東京の城東地区には今後２０００室以上の新しいホテルが続々オープンを予定しています。東京に限らず、現在は仙台、京都、大阪、福岡などの主要都市でホテル用地の情報が出ると、複数のホテルが進出を検討するような状況です。

主要都市のホテル稼働率も、おおむね好調です。特に、東京スカイツリーの威力は絶大。城東地区のホテルは軒並み稼働率が80％を超え、90％台のホテルも珍しくないようです。札幌、名古屋、大阪などの主要都市でもリーマン・ショック前の状況に戻っているとの声も多く聞かれます。

これらは景気の回復に伴ってビジネスの出張客が回復してきていることに加え、観光需要の増加が大きな要因となっています。

85ページの表は訪日する外国人客数の推移です。日本を訪れる外国人の数は一貫して伸び続けてきましたが、2008年のリーマン・ショック後に激減、その後の回復基調の中で東日本大震災という大災害、中国、韓国との外交摩擦の影響による両国人観光客の激減など幾多のピンチをくぐってきました。

しかし、この数値も2013年以降は順調に回復を見せています。中国人の訪日客数こそ回復の兆しが弱いものの韓国人はすでに回復。円安やビザ発給条件の緩和も

図表⑫ 訪日外国人客数の推移

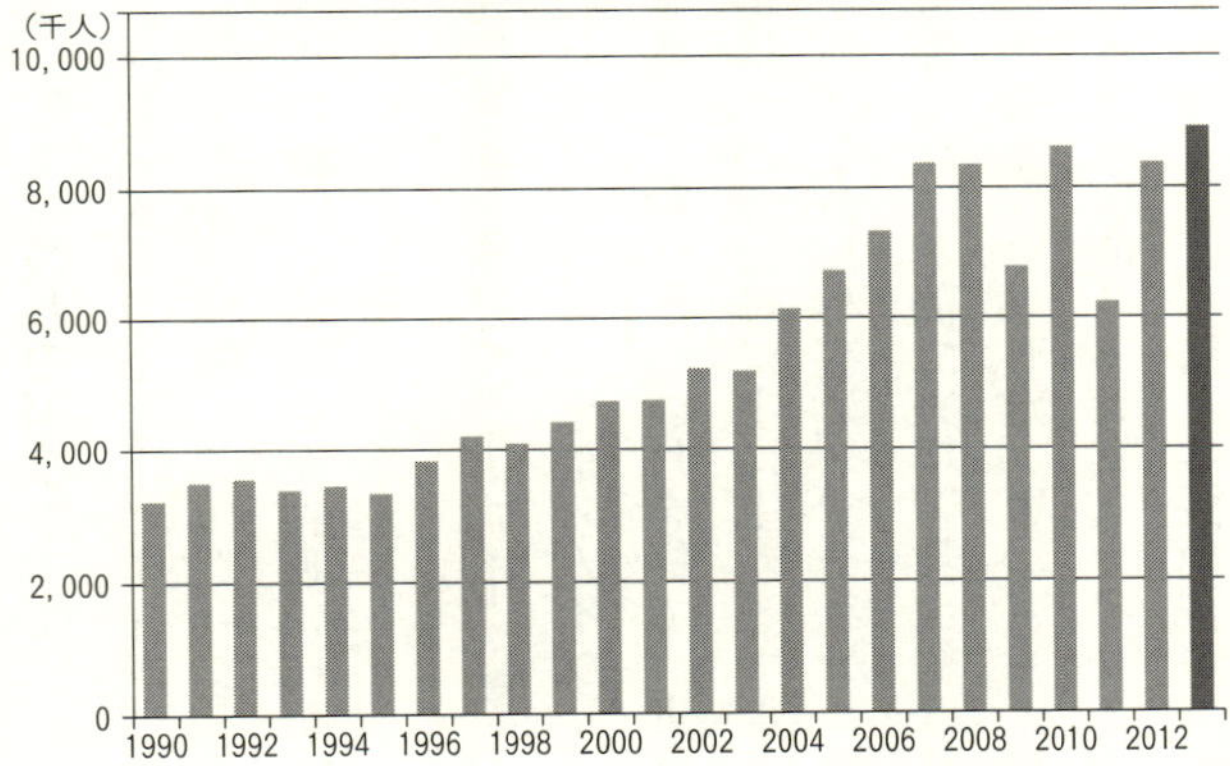

出典：日本政府観光局（JNTO）

手伝って東南アジアをはじめとした訪日客は順調にその数を伸ばし始めています。

この状況が続くならば2013年の訪日外国人客数は1000万人を超えることも予想されています。

日本はもともと観光資源に恵まれた国です。富士山や海からの絶景、温泉、健康的な日本食、伝統、文化、アニメをはじめとするクールジャパン、そして何よりもホスピタリティ溢《あふ》れるおもてなし。その他にも多くの外国人が指摘する安全・安心・清潔。西洋からは遠い極東の島国でもアジア、東南アジアの人たちからは、近くて憧れの国なのです。

日本政府が掲げるビジット・ジャパン事業では将来的に訪日外国人の数を3000万人とする目標が掲げられています。この計画の達成の先には国内のホテル観光業界が今後おおいに発展する余地があるといえます。

観光の隆盛〜東京スカイツリー、東京ディズニーリゾートにみる勝負強さ

2012年5月、東京スカイツリーが開業しました。東京タワーが開業したのが1958年。約50年の歳月を経て、東京に新しい象徴が誕生したのです。

俗に「バカと煙は上に上がる」などと揶揄《やゆ》されますが、東京で一番高いところ、という誰でもがわかるシンプルさが、観光では重要な要素です。事業主の東武鉄道によれば開業後1年間で来場客数は約5080万人にものぼり、国内観光施設では最大規模の集客となりました。もっともタワーに登った人はこのうち638万人、タワーのおひざ元に展開する東京スカイツリータウンを含めた全体で5080万人ということですから、ここを訪れる観光客が「タワーに登る」＝「高いところに行く」というだ

けが目的ではないことがよくわかります。

つまり、建物自体、あるいは建物を利用するということ自体が目的というよりも、タワーを中心に広がる施設全体に対する「目新しさ」が大きな関心を呼んでいるということのようです。

このことは、タウン内のお土産屋《みやげ》さんを覗《のぞ》けばよくわかります。どのお店も競うように「スカイツリー内限定商品」をこれでもかというくらいに展開しています。ここでしか買えないというレア感を演出して、はるばるタワーまで来た観光客の財布のひもを緩《ゆる》めようとする作戦です。

またキャラクターとしてソラカラちゃんが大人気。このキャラクター、一般的にはそれほど馴染みがあるようにも思えないのですが、なぜかタウン内に入ると彼女の存在は輝きを増し、多くの観光客が「記念」にグッズを買い求めていきます。

これらはすべて、建物自体の素晴らしさ（もちろん素晴らしい建物であると思いますが）というよりも、スカイツリーという巨大なシンボルのもとに演じられている一種のショウにお客様が酔いしれている、と言い換えることもできます。ハードよりもこのタウン自体のソフトの演出が多くの観光客をひきつけているというわけです。

ちなみに台湾には、「台北１０１」という世界一の超高層ビルがあります。このビル、完成から10年近くが経ってもいまだに人気は衰えません。昨年私が訪れた時も、ビル展望台に行くエレベーターは軽く2時間待ち。その間に私の目に飛び込んできたのはダンパーベイビーというビルの防振設備であるダンパーをモチーフにした奇妙なキャラクターでした。

個人的には正直、それほどかわいくもないし、インパクトのあるキャラクターとも思えません。それでもどの観光客もニコニコしながらダンパーベイビーを何個も買い求めていきます。

超高層ビルを建てただけでヒトを呼べるのではなく、ハードにソフトを一体化させた演出を施すことでそのソフトにヒトは引き寄せられるのです。

さらにこの効果はスカイツリー周辺の観光業にも大きなインパクトを与えています。ツリー周辺の浅草や上野のホテル稼働率はここ1年間で大幅な改善をみせました。今まではほとんどがビジネス客が中心だったホテルも週末は大きな旅行カバンやキャリーケースを引きずった観光客で大賑わいです。

そして、このハードとソフトの融合体の化け物が、東京ディズニーリゾートです。年間入場客数は２０１２年で２７５０万人。シンデレラ城をはじめとした魅力的な外観の建物群もさることながら、これはまったく異次元の空間＝夢の国を、ディズニーというソフトを提供することで成り立たせている不動産なのです。

たかがキャラクターが歌ったり踊ったりする空間と侮《あなど》ることなかれ。ソフトの力が不動産に輝きを与えているのです。

世界遺産という観光資源と、不動産価値

世界遺産とは１９７２年のユネスコ総会で採択された「世界の文化遺産及び自然遺産の保護に関する条約（世界遺産条約）」に基づき登録された、世界中の人々が共有化すべき貴重な価値を持つ資産のことを指します。

現在日本には２０１３年に登録が決まった富士山を含めて17カ所の世界遺産が存在します。日本でこの世界遺産なる言葉が脚光を浴びたのは、実は２００８年の登録の際、岩手県平泉《ひらいずみ》の登録が延期（2011年に登録）になるというショッキングな報道が契機だったとも言われています。

この世界遺産、観光客を呼び込む格好の資源となっています。2011年に登録を果たした平泉は、登録後1年間で観光客は3割も伸びたと発表されています。この経済効果は岩手経済研究所の試算では約63億円ともいわれ、地元にもたらした恩恵は計《はか》り知れません。

カンボジアにアンコール・ワットという遺跡があります。12世紀前半、カンボジアのアンコール王朝の寺院として建立されたものですが1992年に世界遺産として登録され、多くの観光客がこの地を訪れています。

この遺跡周辺に中国や韓国の資本が進出。ホテル建設をはじめ、韓国資本がカジノを開設することでも話題になりました。世界遺産という、今や観光客誘致のためのソフトを題材に、不動産を活用した事例といえましょう。

ヘルスケア産業への期待

宿泊観光以外の要素で現在注目されているのがヘルスケアビジネスです。増加を続ける高齢者人口。とりわけ後期高齢者と呼ばれる75歳以上の方の人口は2030年には2278万人、人口全体に占める割合は現在の11・9％から19・5％にもなると予測されます。

この受け入れ施設として注目を集めているのが、サービス付き高齢者向け住宅や有料老人ホームなどと呼ばれる施設です。

2013年1月現在で厚生労働省に登録されているサービス付き高齢者向け住宅は、2922施設、約9万4000戸にも及んでいます。今後の10年間で65歳以上の高齢者の人口は2900万人から3600万人へと700万人もの増加が見込まれる中、有料老人ホームと合わせた施設整備がますます必要となるとの見解を発表しています。また、施設整備の一環として、ヘルスケアに特化したREITの創設を検討する動きがあります。

REITという仕組みを使って広く民間資金を呼び寄せ、ヘルスケア施設の建設を促進しようというものです。

ただし、一般のマンションやアパートと違い、お年寄りの介護というソフトの要素が重要になる施設です。ＲＥＩＴという資本の論理で形成される不動産商品と福祉という、どちらかといえば高い運用収益を目指す仕組みとは相いれない要素が存在し、２つの論理を整合させることには困難が伴うところもあります。

しかし、見方を変えるならば、福祉サービスというソフトはヘルスケア施設の不動産価値を規定する重要な要素とも言えます。ただ、立地が良くて立派な建物さえ建てれば自然にそこにヒトが集まり、不動産価値が高まるという、従来の方程式では説明できない不動産ともいえるでしょう。

いずれにしてもヘルスケア産業は今後の不動産マーケットを牽引する大きなセクターとなっていくものと思われます。ソフトの内容を吟味して不動産を考える、格好の題材なのです。

「上がる不動産」「下がる不動産」の差が、鮮明に

このように日本の不動産マーケットの将来を展望するに、どうも今まで私たちが経験してきたような、不動産が全国一律に上昇を続ける世界、あるいはすべてが下落する世界、このどちらも想像がしにくいように感じられます。

ヒトが常に増加し続ける、モノが常に増加し続けるような高度成長期の日本が再現することはありえません。では、ヒト、モノに加えて、カネを集中的に投下することで経済活動を活発にし、関連する需要を取り込んで経済成長を達成する。その結果としての不動産の値上がり。これは十分に期待できるものですが、この施策で恩恵を被《こうむ》るのはほんの一部にすぎず、しかもあくまでも政策的に演出された世界にすぎません。一部の不動産が値上がりすることとの期待にはなっても不動産全体の価格が上昇することにはつながりません。

一方で、ヒトが減り、モノが集まらず、カネには見向きもされない不動産にとっては、今後計り知れない価値下落のスパイラルが待っています。需要の存在しないところに価格は形成されないからです。

アベノミクスで期待されるのは、おそらく都心の不動産などの一部エリアに対する集中投資を促す「カネ」の力であり、金融の緩和や健全な円安政策による日本企業の収益改善による国内でのオフィス、工場設置などの設備投資の活発化による不動産の値上がりであり、継続的な住宅購入支援、給与所得の改善、インフレ誘導による住宅購入意欲の向上なのです。

アベノミクスの成功失敗という議論よりも、いずれにしても日本の不動産は今後あきらかに優勝劣敗、「上がる不動産」と「下がる不動産」に選別されていくものと考えられます。

それでは「上がる不動産」と「下がる不動産」の見極めはどのようにすればよいのでしょうか。次章では、不動産の価値を決定する重要な要素となってしまった金融が絡《から》んだ「バーチャル不動産」について、その特徴とリアル不動産との違いについてお話しします。

第2章　バーチャル不動産の世界

1 「バーチャル不動産」の特徴

金融商品化する不動産

２０１０年12月国土交通省「不動産投資市場戦略会議報告書」によれば、２００８年の日本の不動産市場２２８６兆円（土地および建物）のうち、証券化されている不動産は約33兆円（約１・４％）ということです。一見すると、証券化されている不動産は、国内ではきわめて稀《まれ》な不動産ということになります。

一方で日本の不動産市場のうち、収益用不動産といわれる、他人に貸して収益を上げている不動産はおおよそ１２０兆円ほどです。したがって証券化されている不動産の大半が収益用不動産であることを前提にするならば、収益用不動産のうちの約25～30％近くが証券化されていることになります。これはかなりの数ともいえるのではないでしょうか。

日本の不動産の証券化は１９９７年頃から統計に表われるようになっていますが、

１９９７年の時点で証券化された不動産は、約６１６億円程度でした。これをストック額でみても２０００年で約１兆５０００億円程度でしたので、マーケットとしては急速に成長してきたとも言えます。

ではこの33兆円の資産のバランスシートの右側、資本（エクイティ）と負債（デット）はどのような構造になっているのでしょうか。

同報告書によれば資本部分が約11兆円、負債部分が約22兆円になります。この資本部分11兆円という金額は、その年の金融資産総額５７８９兆円と比較すると１％にも満たない水準です。

不動産業界からみれば、ここ十数年での不動産証券化の拡大はマーケットに対して大きなエポックとなった出来事でしたが、一方の金融業界からみれば、まだほんのケシ粒のような存在というのが日本における不動産証券化市場の実態です。

証券化の種類

ひとくちに証券化といっても、どのような種類の証券化手法があるのでしょうか。

家から資金を集め、不動産の取得・運用を行ない、その収益を分配する仕組み。
る仕組みであるとともに、国民金融資産の運用手段の拡大にも貢献。

〈特定目的会社（TMK）〉

［関係法令］資産の流動化に関する法律

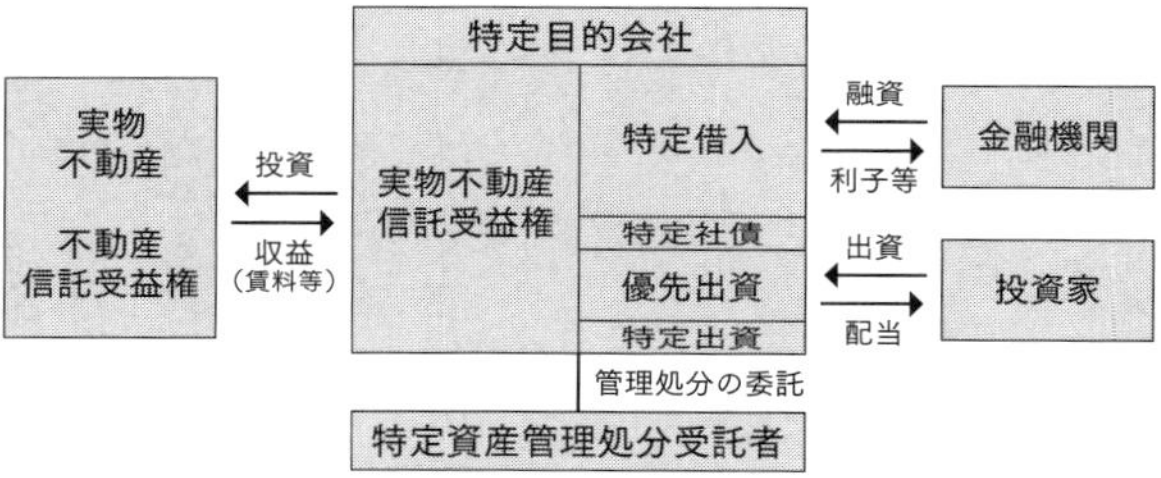

●資産の流動化のために設立された特定目的会社（TMK）を利用して、予め定められた「資金流動化計画」に基づき、投資家・金融機関から資金を集めて資産を取得し、資産から生じる収益を分配する仕組み。

〈不動産特定共同事業〉

［関係法令］不動産特定共同事業法

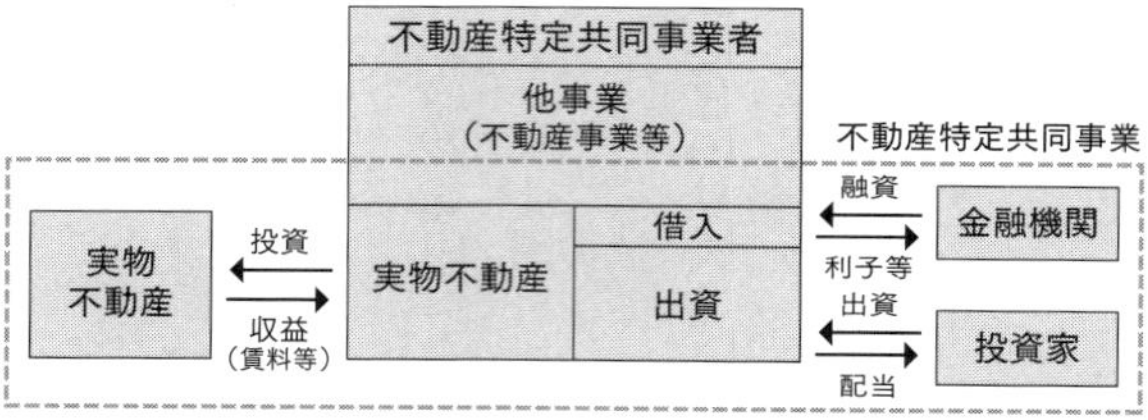

●主務大臣・知事の許可を受けた事業者（不動産会社等）が投資家から資金を集めて不動産の取得、譲渡、賃貸等を行なう仕組み。
●許可制度により不動産投資に関する能力（資本金要件、業務管理者の設置等）をチェックしたうえで、事業者が機動的に不動産取引を実施。

※証券化のために設立された法人（SPC）による不動産特定共同事業を可能とするための改正法案を第180回通常国会に提出中。

図表⑬

不動産証券化手法

○不動産が生み出す収益をベースに幅広い投資
○豊富な民間資金の不動産市場への導入に資す

〈Jリート〉　［関係法令］投資信託および投資法人に関する法律
（Real Estate Investment Trust〔不動産投資法人〕）

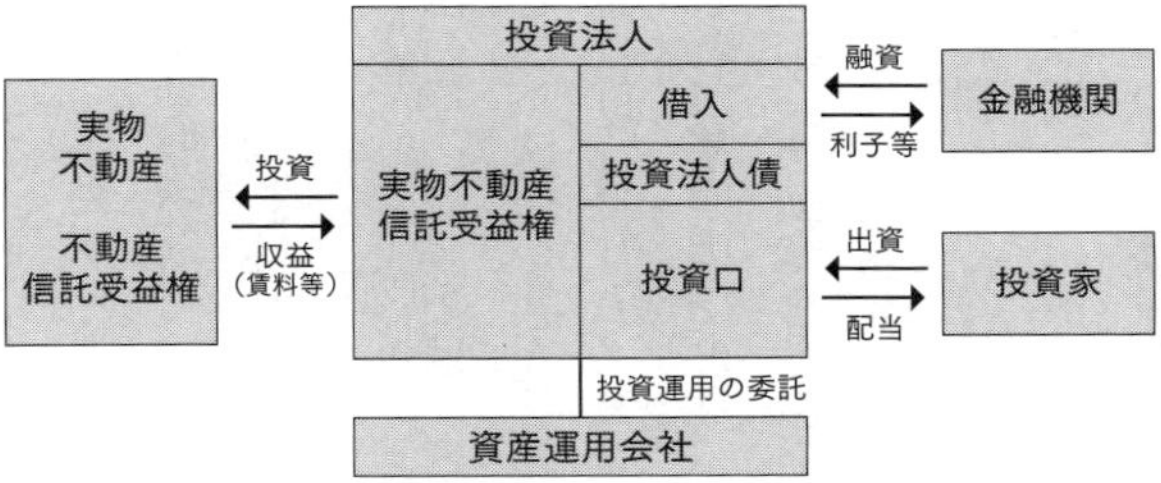

●資産運用のために設立された投資法人が、不動産等の取得、譲渡、賃貸等を行ない、その収益を分配する仕組み。
●投資口（株式に相当）を上場することで幅広い投資家から資金調達を行なうほか、年金など機関投資家の資金を集める非上場リートも存在。

〈GK - TKスキーム〉　［関係法令］金融商品取引法
（合同会社 - 匿名組合）

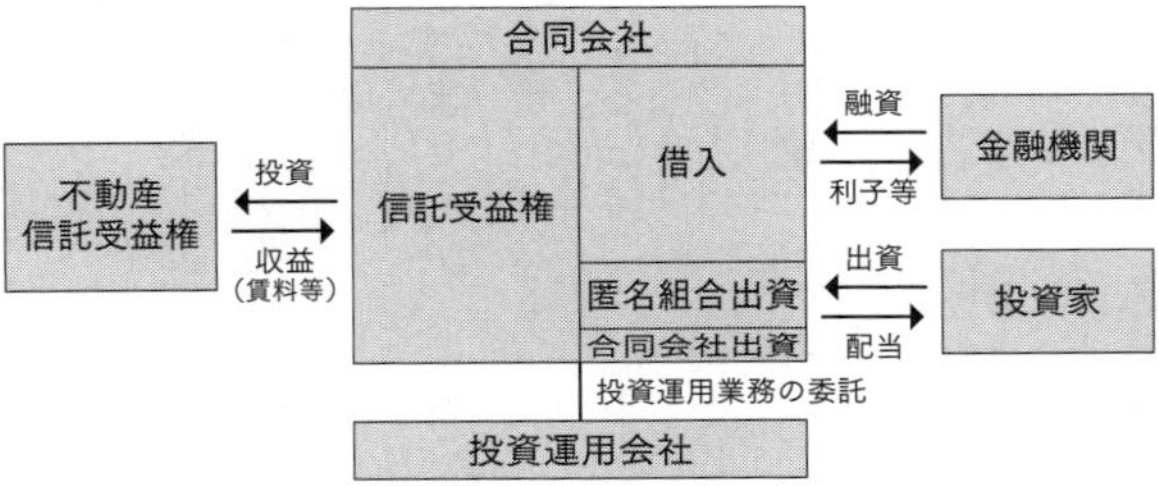

●証券化のために設立された合同会社（GK）が投資家から匿名組合（TK）出資を調達し、金融機関のローンと併せて不動産信託受益権を取得する仕組み。

日本では運営のしかた（スキーム）によって4つの証券化手法が存在します。すなわち①REIT（不動産投資信託）、②GK（合同会社）—TK（匿名組合）スキーム、③TMK（特定目的会社）、④不動産特定共同事業です。約33兆円といわれる証券化不動産のうち、その内訳は①が約8兆円、②が約12兆円、③が約11兆円、④が約8600億円です。

4つの手法の違いの詳細は、ここでは詳しくは述べませんが、それぞれの手法はすべて後ろ盾となる法律が異なるのが特徴です。①は投資信託および投資法人に関する法律、②は金融商品取引法、③は資産の流動化に関する法律、④は不動産特定共同事業法にそれぞれが基づいており、投資対象によって分ければ、実物不動産を対象とできるのが①③④、不動産を受益権化した信託受益権を対象とできるのが①②③となります。

このうち一般個人の方の目に触れるのは、おそらくREITだけとも言えるでしょう。なぜならREITの多くが東京証券取引所に上場され、日々取引が行なわれているからです。他の3つは多くの場合、あらかじめ最初から投資家を募って運用する私募形式のものが中心となるからです。

２００５年から２００８年にかけてファンドバブルといわれたファンドによる日本の不動産の取得の主役も、多くが上記のような手法を駆使した私募形式のファンド＝プライベートファンドでした。

プライベートファンドの多くは、あらかじめ運用期間を定めたものが多いのが特徴です。仕組み上限定した投資家を集めてファンドを組成している関係で、「出口」と言われるファンドの終了期限をあらかじめ定め、その期限には資産を売却して解散するのがこれらのファンドの特徴です。

それではこの証券化の仕組みはなぜ投資家、金融機関に評価され、発達することになったのでしょうか。もう少し詳しく考えてみましょう。

投資家にとっての証券化不動産の特徴

まず、４つの手法に共通しているのが、いずれも複数の投資家から資金を集める手法であるという点です。今までの現物不動産でも複数の所有者が一つの不動産を所有するケースは多々ありました。どこが違うのでしょうか。

現物不動産を直接、複数で所有する場合には、「区分所有」にするかまたは「共有」にするのが一般的です。区分所有の最たる事例が区分所有マンションです。それぞれの居住部分（専有部分）は各所有者が専有し、廊下や階段などの共用部は区分所有者全員による共有にします。また建物全体の管理などについては区分所有者全員で管理組合等を結成し、互いの権利を調整しながら日々の生活ルールから修繕や改修について協議していきます。

オフィスビルでも、こういった事例は存在します。ただ、オフィスの場合は基本的に建物全体が賃貸資産であるために、各所有者が勝手にテナント誘致を行なうとビル全体としての整合性が失われてしまう場合が多々あります。

たとえば、所有者の一人が高い賃料を取りたいために、自身の所有部分に風俗店を入居させる、あるいは逆に賃貸マーケットが厳しい折に破格に安い賃料を提示して、誘致してしまったために以後ビル全体がその賃料でしかテナントが集まらなくなってしまったなどということです。

共有の場合はこうした心配が少ない分、各所有者の勝手な意向は反映されにくく、なんでも全員が集まって話し合わなければならないなど面倒が多いのが実態です。

また、自身の所有部分＝資産を売却したい場合などにも面倒が起こります。

つまり、区分所有であれ共有であれ、1棟全体で売却できないために、買い手は他の所有者をチェックする。問題のない所有者ばかりならばよいのですが、それぞれの信用状態や、区分所有であれば各所有部分のテナント属性など、いろいろケチをつけられる可能性が高くなります。また建物によっては売却の際は他の所有者の許可を得なければならない規約が存在したりと何かと面倒が多いものです。

このことは、買い手側から考えても事情はまったく同じです。1棟全部を買うお金がなければ、もっと小型の物件を買うか、区分所有や共有ではそれぞれの区分所有者や共有者がどんな属性の会社や個人なのか、ビル全体の管理やテナントの状況はうまくいっているのかなど、チェック項目は煩雑になります。

ところが、これが証券化された物件ではどうでしょうか。投資家としての立場は②や③の場合、いずれもファンドというハコ（合同会社や特定目的会社）に出資をしている立場となります。②の場合は匿名組合出資ですし、③では優先出資などの出資権になります。

②における匿名組合出資は有限責任ですから、出資者は出資した金額の範囲内において責任を負うだけで、ファンドそのものが被《こうむ》る損失を負担する必要はありません。また③の優先出資も同様です。

つまり、ファンドを（形式的に）所有するのはあくまでも合同会社や特定目的会社であり、それぞれのハコに対して（有限責任で）出資をしている立場となっているのです。また実際に資産を運用するのは②の場合は投資運用会社、③の場合は特定資産管理処分受託者という運用のプロを設置していますので、不動産に関する知識や能力は基本的には必要がありません。

これが、不動産の証券化です。不動産を実際に所有、運用するわけではなく、自分の出資した範囲内でのみ責任を負った出資という形で不動産投資ができるのです。現物の不動産投資は区分所有者や共有者との調整をしながら、しかも運用、売却についても基本的には無限責任を負うことになります。ところが出資権といういわばペーパー化された不動産＝バーチャル不動産を持っているにすぎない投資家は気楽です。途中で自分の出資権を他人に譲渡することも可能です。

不動産の素人でも出資した範囲において賃料収入を享受でき、出資した範囲において損失を負担すればよい、きわめて「わかりやすい」不動産投資商品が証券化不動産なのです。

金融機関にとっての証券化不動産の特徴

では、ファンドというハコに融資を行なう金融機関の立場から見た証券化不動産は、どのような存在なのでしょうか。

平成バブルの崩壊では、金融機関は現物不動産を担保に事業法人や個人に直接多額の融資を実行し、バブル崩壊に伴う担保不動産の評価の下落から大量の不良債権を抱え込むことになりました。

さて一方、不動産証券化スキームはどうでしょうか。特徴はこのファンドというハコには投資対象となる不動産だけしか存在しないということです。事業法人であれば、他に本業の収益、費用があります。またさまざまな内容の資産、負債がすべて事業法人のバランスシートに載った中での融資の決定になります。

一方ファンドに対する融資では融資を行なうにあたって、ひとえに投資対象となる不動産の評価を正確に行ない、融資額を決定することだけに注力できることになります。逆にいえばこのハコに出資している投資家に対しては各自の出資している範囲でしか責任がないために、それぞれに対して返済を請求できない立場にあることになります。

したがって、対象となる不動産が想定される運用成績を着実に上げること。想定される範囲内で不動産の運営費用が賄《まかな》えること。自分たちの融資した利息分が確実に返済され、かつ最終期限となるファンドの終了時点（出口）でも想定される金額で外部に売却ができ、確実に融資したお金が戻ってくること、これに尽きるわけです。

また、ファンドの場合は、その運用期間が3年ないし5年という比較的短期での運用となることから、短期的な不動産の状況は想定がしやすいとのことで、特にファンドバブルといわれた2005年から2008年にかけては対象となる不動産全体の評価額の90％程度まで融資に応じた事例も出ました。
金融機関にとっても対象となる不動産の評価だけが正確にできれば、証券化された不動産を扱うということは比較的やさしい仕事であるわけです。

流動化する不動産

証券化された不動産のもう一つの特徴が、この出資権は現物の不動産に比べてはるかに「流動性」が高いということです。匿名組合出資権は運用者である合同会社との双務契約になりますので、出資権の地位を譲渡することが可能です。他の出資者の同意も必要ありません。また優先出資権も同じく譲渡が可能です。

このように「流動性」を持たせた金融商品となった不動産は、転々と流通することが可能となりました。現物の不動産を流動化しようとすれば、不動産登記をはじめとした各種手続き、不動産の譲渡に伴う手数料や税金などきわめて煩雑な事務処理となりますが、ペーパーであればこうした手続きも簡便です。

今までなかなか重くて動かせなかった不動産が、「証券化」というペーパー化を通じて簡単に動かせるようになったのです。

「買いやすい」「売りやすい」という身軽さを身に付けた証券化不動産は、他の金融商品と同じく、投資家の間で気楽に売買されるようになりました。

今までは不動産に対して知見がなかった年金基金などの機関投資家にとってもペーパーとなったことから他の金融商品と同様に判断しやすい商品となりました。

この証券化の手法の広まりは、今までは図体が大きすぎて、しかも運用するにはプロの知識や経験が必要だった大型不動産が、証券化という衣《ころも》をまとったことから、素人《しろうと》でも容易につきあうことができる手軽な投資商品に生まれ変わる手法でもあったのでした。

いわば、今までは特定の層でしか享受できなかった大型不動産運用の旨《うま》みを素人でも享受できるという、「不動産の民主化」とでも呼べる手法だったのです。

「バーチャル不動産」における、不動産の評価

さてここで気になるのが、この証券化された不動産投資商品の資本（エクイティ）

への投資および負債（デッド）への融資にあたって、投資対象となる不動産をどのように評価するのかということです。

どんなにペーパー化されたとはいっても実際に存在し、運用され、お金を生み出していくのは、現物の不動産そのものだからです。

証券化スキームでは不動産を所有するのは単なるハコだと説明してきましたが、ハコだけでは当然不動産の運用はできません。実際には投資を行なうための目論見書を先に紹介した投資運用会社や特定資産管理処分受託者が作成し、投資家に説明することとなります。

では、彼らは不動産をどのような視点から評価し、投資家に出資の勧誘を行なうのでしょうか。

証券化不動産における不動産の評価は、実は非常にシンプルなものです。投資対象となる不動産がファンドの運用期間中にどれだけの収益を生み出すのか、その一点にほぼ評価の関心が絞られているからです。

ファンドの運用期間は、３年からせいぜい５年。それほど長い期間ではありませんから、テナントから収受する賃料収入自体に大きな変化はないはずです。空《あ》いているフロアは、想定される賃料で新しいテナントを誘致する。賃料がマーケット水準よりも高いテナントについては、次回の賃料改定時には多少の賃料減額を勘案する。逆に低いテナントにはできれば若干の増額交渉を試みる。常時満室ならばけっこうなのですが、突然の解約に備えて稼働率には多少掛目をもっておく。

一方で管理費用については、できうる限り絞り込んでコストの圧縮に努めます。管理会社を入札などで選定しなおし管理手数料の削減を実現する、省エネ設備などの導入で水道光熱費、空調費といった費用を削減するなどの徹底したコスト削減を試みます。

収入を最大限伸ばして、費用を極小化する。この結果生まれる利益が極大化する。この単純な理屈です。短期間での利益の極大化ですから、たとえば、不要不急と思われる施設設備の改修や修繕、設備機器の交換などは、なるべく「先送り」します。もちろん過剰と思われる管理は、より合理的な管理に改めます。

さて、これで実現した収益＝営業利益を不動産投資額で割った数字が、利回りということになります。

バーチャル不動産に投資をするのは金融の世界に生きる人たちです。不動産に対してはあくまで素人です。彼らの判断基準は彼らが投資しようとしているペーパーの価値そのもの、つまり「利回り」なのです。この利回りのことをバーチャル不動産の世界では「キャップレート（Cap Rate）」と呼んで投資を行なう際の重要な指標としています。

キャップレートは通常「リスクフリーレート＋リスクプレミアム－NOI《エヌオーアイ》（純収益）成長期待率」と定義されます。リスクフリーレートとはたとえば国債の利回りのようなもの。国家が潰れない限り国債購入によって得られる配当利益は確定的ですので、これをリスクフリーレートと呼びます。

リスクプレミアムとは何でしょうか。債券ならその発行体のリスク、不動産ならその不動産が抱える投資リスクを数値に直したものが、リスクプレミアムです。国債よりも都心の不動産のほうが危ない、都心の不動産よりも地方の不動産のほうがよりリスクが高い、といった序列で、投資の際に求められる利回りは高くなっていくのです。

投資家は、個々の不動産から上がってくる収益を、単純に収入の多寡《たか》では判断しません。グロスの賃料収入から管理費、共用部の水道光熱費、保険料、修繕費、空室部分の賃料、固定資産税等の税金を差し引いた純収益を算出しています。この純収益のことを「NOI（Net Operating Income）」と呼んでいるのです。

このNOIとキャップレートさえあれば、投資対象の不動産価格は容易に算出できます。つまりNOI÷キャップレートということです。たとえば東京都心のオフィスビルを想定しましょう。延べ床面積1000坪、8階建。1フロアの貸付面積100坪、1階のみ50坪としましょう。月坪あたりの賃料は1階2万円、他のフロアは1万5000円とします。満室として月額賃料は1150万円、年額1億3800万円。営業費用がこのうち23％ほどかかるとしてNOIは1億626万円。

東京都心の中型オフィスビルのキャップレートを仮に4％とおくと、NOI（1億626万円）÷4％＝26億5650万円という値付けになるわけです。

キャップレート4％の意味合いはリスクフリーレート0・7％（国債レート）＋リ

スクプレミアム（不動産のリスク評価３・５％）－ＮＯＩ成長期待率（０・２％）＝４％と表現されます。

さてここまでくると、読者の中にもこの評価手法は一見論理的には見えるものの、一部の数値を少し直しただけで、結論が大きく変わってくることに気づく方がいらっしゃると思います。リアルな不動産とは違って、バーチャル不動産ではこうした筆先三寸の要素が強い評価手法になっているのです。

それでも投資家や金融機関にとって、このＮＯＩ利回りで判断する不動産投資は実に心地よいもののようです。国債、債券、株式などすべての金融商品には利回りがありります。不動産もこの指標で同列に並べてもらえれば、彼らはこれらを比較考量して最適な投資ポートフォリオを組むことができるのです。

バーチャル不動産は、リアル不動産の鏡なのか

しかし、この不動産評価、しょせんはエクセルシート上での計算値にすぎません。投資家の食いつきが悪いと見るや、この世界の人たちはいろいろと数字をいじり始め

ます。堅めにみていた空室率をちょっと緩《ゆる》くする。新しく募集するテナントの賃料を根拠もなく坪あたり1000円上げてみる。営業管理コストも想定よりももっとコストダウンが進むと想定してしまう。エクセルシート上の数字のお遊びも、しょせんはバーチャルの世界です。いくらでも調整ができてしまいます。

リアルな不動産は、そうしたエクセルシート上の妄想とは関係なく厳然と存在します。必要な修繕を行なわなければやがて大きな事故につながります。マーケット全体が冷え込めば想定賃料などという勝手な想《おも》いはもろくも崩れ、競合に打ち克つ値段で勝負することも必要になってきます。賃料の値下げも機動的に行なわなければ、テナントを引き抜かれることも覚悟しなければなりません。

運用期間もファンドと異なり中長期で保有、運用していくので管理には入念にカネをかけています。洗練されたシミュレーションはできずとも長年にわたって建物を管理してきた経験と知見、時には勘で未然に事故を防ぐ場合だってあります。

世の中、必ずしも想定どおりには事《こと》が運ばないものです。リアルな不動産であれば現場に密着して日々の変化を敏感に読み、次なる一手を講ずることが可能になります。

ところがマーケットでも証券化されたバーチャル不動産ほど、マーケットが大きく下落した時に当初の想定に拘《こだわ》って営業方針を変えずにマーケットの流れから取り残されることが往々《おうおう》にしてあります。

途中の方針変更は、いちいち投資家や金融機関に新たな説明をしなければならず、承認を得るのに時間がかかったり、やがては改善するだろうという素人的な楽観に陥って現実を見誤るからです。

このように、一見正しく合理的に不動産を評価しているように見えるバーチャル不動産ですが、現実は必ずしもリアル不動産の真の姿を映し出す鏡にはなっていないのです。

2　バーチャル不動産価格は、どう動くのか

グローバルマーケットの中での不動産

バーチャルな不動産は、流動性がきわめて高いことの裏返しとして、その不動産自体が生み出す収益だけに依拠した利回りで商品性を評価する考え方が強くなる傾向にあります。

不動産は本来、非常に個別性の高い投資対象です。序章で、中央区銀座にあるまったく同じ建物という仮定を置きましたが、実は2つとして同じものが存在しないというのが不動産たる所以《ゆえん》であり、一般の工業製品などとも異なるものなのです。

ところがバーチャル不動産の投資の現場では意外と乱暴な理屈で投資の判断をしていきます。

不動産投資ファンドの投資担当者の間では、「キャップ感」ということに曖昧模糊《あいまいもこ》とした数値に関する会話がよく行なわれます。彼らの会話は、だいたい次のような

ものです。

「Aさんどお？　最近のキャップ感は」

「どのあたり？　都心3区？　う～ん4％いきたいんだけどね。買えないしさ。最近は3％後半もめずらしくないんじゃね」

彼らは投資対象となるビルのNOIを計算したあと、このキャップレートを使って価格をはじき出すのです。したがって計算式が同じなので会話もお互いが疑心暗鬼の側面もあります。

なにしろ先ほどの事例でも割り当てるキャップレートの数値を4％から3・8％にした瞬間、購入価格は約27億9630万円と1億3980万円も高い評価にすることが一瞬の間にできてしまうからです。

不動産価格が上昇気味のエリアや国になると、このキャップレート、時々刻々と魔物のように変化していきます。2007年頃のファンドバブルが華やかなりし時代では銀座の不動産はキャップレートが2％前半という取引も散見されました。

このキャップレートという尺度を、彼らは世界各国で共通の物差しとして使っています。

考え方は一緒です。各国やエリアのリスクフリーレートに対象となる不動産のリスクプレミアムをオン、ＮＯＩの期待収益率を引いてあげればキャップレートは完成です。さてここで大きく違ってくるのが国によって異なる信用力であり、個々の不動産の持つリスクの評価です。

たとえば現在のロンドンの一等地における投資利回りは、約３％程度と言われています。英国の国債利回りが２％程度ですので、国債利回りをリスクフリーレートとすれば、ロンドンの不動産のリスクプレミアムはわずか１％ほどということになります。

このように不動産の投資利回りと国債などの指標利回りとの差をイールドギャップなどと呼びますが、ロンドンの場合はこのイールドギャップが極小化している、つまり不動産のリスクが「過小評価」されているとも考えられるのです。

東京の場合は、先ほどご紹介したように投資利回り４％に対して国債利回りが０・７％とすれば、リスクプレミアムが３％強ということになります。

東京とロンドンの不動産のリスクの差２％が正しいのか正しくないのかが、投資家にとっての判断材料になるわけです。

金融知識が優先するバーチャル不動産

日本の中でも、このキャップレートは違って当然です。たとえば東京と大阪を比較すれば、やはりリスクプレミアムは大阪のほうが高いことは誰しも予測はできるはずです。ところが、ワールドワイドで不動産投資を行なっている投資家になると、東京か大阪かなどというあまり細かなことは気にしなくなるようで、

「日本のキャップレートはどのくらいか」

などといった乱暴な議論も時にはなされたりします。

私がＪ－ＲＥＩＴの運用会社社長をやっていた時、決算のたびごとに２週間ほど世界中の投資家にＩＲ（Investors Relation）で決算内容の説明に行くのですが、外国人投資家はＲＥＩＴに組み込まれている不動産が日本のどこに所在するかにはほとんど関心がなく、今後の日本の不動産のキャップレートがどのように推移するかばかり尋

ねていました。

彼らは金融の世界だけで生きているのです。したがって日本の不動産というハコの中身には、実はさして興味はないのです。そのハコ（それがたとえバーチャルなものであっても）が年間どのくらいの純利益（NOI）を生み出してくれるのか、その利益は今後どのくらい成長が期待できるのか、この数値に含まれているリスクはなにか。彼らの関心は不動産という「実物」よりも数値をもとにしたバーチャルな世界を彷徨《さまよ》っているのです。

特にこうした数値に強く、数値だけの議論に徹《てつ》するのが欧米ではユダヤ系の投資家、シンガポールなどの華僑、そして本当に数字を扱わせたら世界一とされるインド系の投資家たちでした。

今では私も初めての投資家にお会いする時は、お互いににこやかに握手を交わした瞬間に相手の目をみながら、この投資家が「不動産屋なのか金融屋なのか」を瞬時で見極めることができるようになりました。私はどちらかといえば不動産屋で生きてきたので、頭に数字がぎっしり詰まった投資家の顔相が次第にわかるようになってきたのかもしれません。

相手が金融系の方であれば、物件の話はほとんどせずに、数値の説明に徹する。不動産系であれば、建物の性能、テナントのクレジットの高さ、設備仕様の良さ、交通利便性の良さなどのアピールをしながら、

「この物件いいでしょう？　二度とない立地です」

と不動産屋のおじさんなら泣いて喜ぶようなセリフを口にするのです。

バーチャル不動産はそんなリアルな会話よりも、数字の根拠、さまざまなシミュレーションによる正確な予測を好みます。金融知識が不動産知識に勝《まさ》る世界、これがバーチャル不動産の世界です。

リスクプレミアムとは

さて、世界中での不動産投資の指標となっているこのキャップレート。世界のどこの国で投資をするにあたっても焦点となるのが、リスクプレミアムです。なぜなら、どの国でもおおむねリスクフリーレートというものは、国債レートなど一部の指標で

決定されてしまっています。

もっとも昨今のギリシアのような国ともなると、リスクフリーレートが高すぎてとても新たに投資をするなどという水準には届かないのでしょうが、利回りを決定する大きな部分はこのリスクプレミアムといえるでしょう。

このリスクプレミアムの考え方と密接に絡むのが、不動産価値に対する見方です。つまり、このレートが小さいということは、利回りが小さくても将来的に不動産価値は上昇が見込めるから利回りは小さくともかまわないのだ、という考え方が背景にあるのです。

国債利回り（リスクフリーレート）が同じであってもたとえば地方の不動産に投資をしようとして東京都心の不動産と同じ利回りで買う投資家はいません。仮に東京都心のキャップレートが４％で札幌が７％だとすれば、札幌の不動産は東京と比べて３％ほどリスクが高く評価されていることになるのです。

一般の方ほど表面の利回りが高い不動産を好まれる傾向があります。あたりまえの話ですが、利回りが高いということはこの「リスクプレミアム」が高い、つまりリスクが高いことを示しているのです。

利回りの高い不動産ほど、早急に投資資金を回収してリスクを減じておかなくてはならないのです。

世界中でこうした投資を行なっている投資銀行では、世界の国々の投資利回りをいつも俯瞰《ふかん》しています。モルガン・スタンレー証券という世界を代表する投資銀行ではワールドクロックといって、世界中の投資対象エリアを時計の時間で「朝」「昼」「午後」「夕方」「夜」というように時間で設定して投資するタイミングを計っています。

そしてリスクを張るところ、安全運転を心掛けるところというように、リスクを適度に分散させながら投資を行なっているのです。

将来への展望と期待が反映される、バーチャル不動産価格

さて、このリスクプレミアム。先ほどの計算にもありましたように投資を判断する上で重要なファクターである一方で、この数値を少しいじっただけで、導き出される結論は大きく異なってしまうという恐ろしい側面を持っています。

つまり不動産マーケットの状況に応じて、将来の値上がりを大きく見込んでおく(=リスクプレミアムを低くする)ことで購入価格をアップさせることもできます。また将来を悲観してあるいは買い叩く時には、このリスクプレミアムを大袈裟に高く見込めば投資利回りは上がり、価格は下がることになります。

それぞれが置かれている時代背景を、このリスクプレミアムという指標で表現をしていくというわけです。

為替などでもそうですが、よく適正なドル円レートがいくらなのかといった話題になりますが、不動産においても、

「牧野さん、東京都心の適切なキャップレートは4%ぐらいですかね」

などと質問をいただきます。実はマーケットに適正価格などというものは存在しないというのが私の持論です。その時々の社会、政治、経済情勢を反映させながら、将来に対する期待や不安の中でおのずと決定されていくもの、それが投資利回りなのです。

バーチャル不動産は金融というマーケットと密接に結びつくことによって、金融が

夢見る将来に対する期待、金融が操る不安、思惑が交錯する中で価値が評価されていくもののようです。

ところが、この価格決定の中でどうしても計算通りに見えてこないのがリアル不動産です。リアル不動産は土地建物という資産の提供＝供給と、そこに住み、働き、買物をし、泊まり、楽しむといった人間行動＝需要のうえで成り立っています。これをリスクプレミアムというファジーな概念ですべてを語ろうとするところは、不動産屋側から見れば違和感を覚えるのです。

実際に個人や中小企業で不動産を購入する際、リスクプレミアムを熟考する方は少ないでしょう。むしろ駅からの距離、テナントの状況や耐震性、大規模修繕の状況、取得後の税金などいろいろな側面から物件を評価し、購入の決定を行なっています。数字だけで割り切れる部分ばかりではないからです。

私の知り合いの外国人投資家にいちど大阪の不動産について詳細に説明をした時、こんなやりとりがありました。

「マキノさん、こんなに良いレートで買えるなんて日本の商業施設は素晴らしい。三越や髙島屋だってこのレートで買ってください。日本の商業施設は安いね」

彼は、私の案内した大阪の商業施設、千葉県柏市のショッピングモール、都内一等地の三越や髙島屋といった百貨店、この建物がどこに所在しているのか明確に区別がついていなかったのです。東京でもどこでも日本は日本という考え方なのです。

一見、緻密そうに見えて、アバウトで大胆なところもある。バーチャル不動産の世界は恐いのです。

3　J－REITにみるバーチャル不動産

バーチャル不動産の代名詞であるREIT

不動産証券化の4つの手法のうち、上場して個人を含めた幅広い投資家のお金を集めているものにJ－REITがあります。2001年に日本ビルファンド投資法人およびジャパンリアルエステイト投資法人（JRE）の2銘柄が東京証券取引所に上場して以来、約12年間、2013年5月末現在で銘柄数39銘柄、時価総額で6兆807

億円の規模に成長してきたいわばバーチャル不動産の代表選手です。

さて、ＲＥＩＴがなぜバーチャル不動産なのかを説明しましょう。

ここにジャパンリアルエステイト投資法人の投資口（事業法人でいう株式に相当）価格の推移があります。２０１３年２月５日の価格（安値）は90万５０００円です。ところがこの投資口価格、４月５日の価格（高値）は１４１万２０００円となりました。

このわずか２カ月の間に投資口価格は１・56倍です。何が起こったのでしょうか。まず多くのＲＥＩＴは年２回配当金が支払われます。ＪＲＥは２０１３年３月期の確定配当金は１口あたり１万５１４０円です。２０１３年９月期予想は同年１月にオフィスビル２棟約４００億円の投資を行なったのにもかかわらず予想分配金は１口あたり１万５１６０円です。

ＲＥＩＴは配当可能収益の90％以上の配当を行なう（導管制の確保といいます）ことでＲＥＩＴ自体に対する法人税がかかりませんので、この配当金がほぼＪＲＥの保有する不動産から生み出される配当価値を表わしていると言ってもよいでしょう。

図表⑭「ジャパンリアルエステート投資法人」投資口価格推移

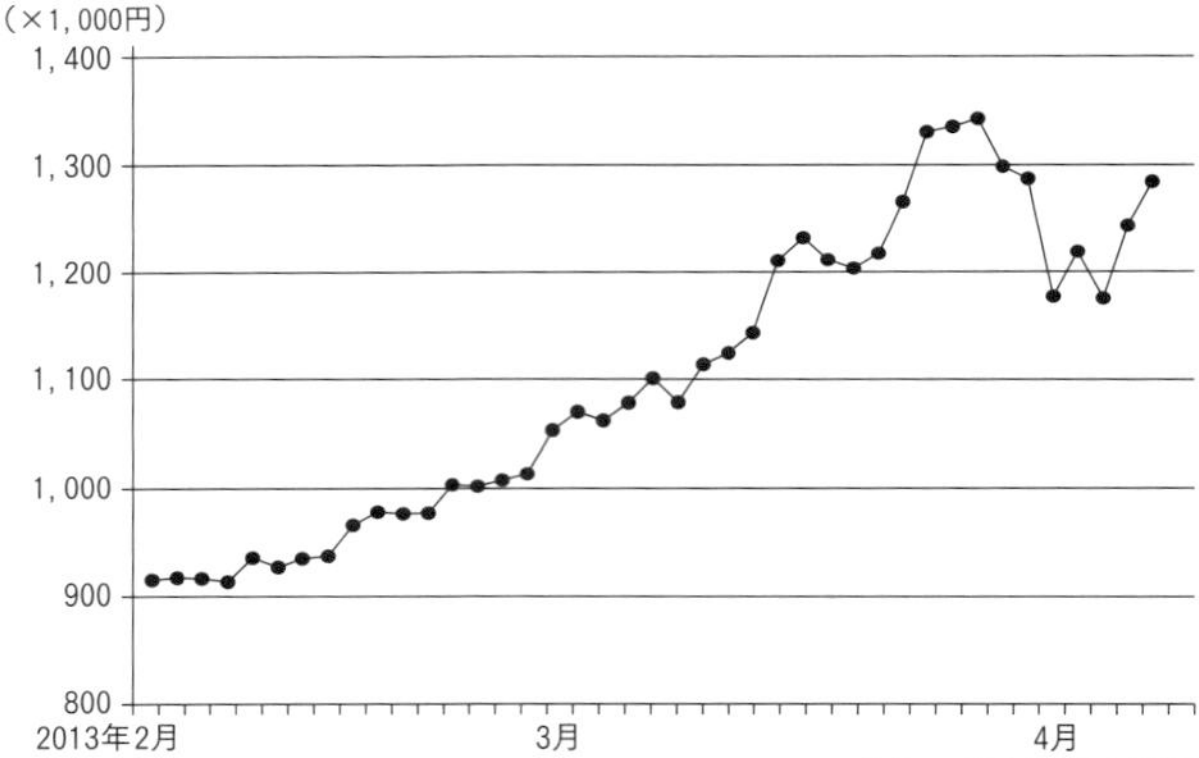

出典：東京証券取引所

年間配当として３万３００円です。２月の時点の投資口価格でみれば投資利回りは３・３％（３万３００円÷90万５０００円）、４月５日時点では２・14％です。時価総額（投資口価格×投資口数）でみれば２月時点で５３７６億円だった時価総額が２カ月後の４月５日には約７０００億円と１６２４億円も増加してしまったのです。

一方でビルの入居率は２０１３年３月期で96・７％、前年同期比でも１・２％ほどの改善にすぎません。新たな物件取得にもかかわらず配当予想もほぼ横ばい。増資の計画も特に２０１３年９月期には織り込んでいないようなので、賃料収入もあまり変化がないとみてよさそうです。

それでもJREの投資口価格は1・56倍になったのです。なぜでしょうか。

こうなった大きな理由として考えられるのが、思惑です。アベノミクスで不動産価格が上昇する。特に大手不動産会社、REITには大量のお金が流れ込むのではないかという期待感、そのことに伴う不動産の値上がり期待が後押しして投資口価格がウナギ上りになったとしか思えません。

確かに今後賃料収入が現状から1・5倍になれば、この投資口価格の上昇は説明がつきますが、どんなに不動産が上向きとプロパガンダを張ったところで、5割も賃料が上昇したら日本の産業はひとたまりもないでしょう。

一方で賃料が上昇せずとも不動産価格が5割上昇すれば、これも理屈に合ってきますが、さてどうでしょう。3・3%から2・14%への利回りの低下も国債レートとのイールドギャップについてももともと優良REITの代表格であるJREはリスクプレミアムが非常に小さかった。そのリスクプレミアムがさらに極小化していく姿が、今後の日本の不動産マーケットの行きつく先なのでしょうか。

いったいどこまでが、リアルな不動産を裏付けにできる「思惑」なのでしょうか。バーチャルの世界では時として思惑が思惑を呼ぶ、こうした価格の上昇が起こります。またこれを追いかけるだけのリアル不動産の動きが本当に日本で顕在化してくるのか、ＲＥＩＴというバーチャル不動産の動きからは目が離せません。

不動産株よりもわかりやすいＲＥＩＴ

実は同じような動きは大手不動産会社の株価にも表われています。三井不動産の株価は２０１３年２月６日時点で２０３４円でしたが、同じく２カ月後の４月９日の終値では３５５５円と約１・75倍に株価が跳ね上がっています。

原因は同じと思われますが、不動産会社の株価とＲＥＩＴの投資口価格とは、単純には同列で論じることはできません。たとえば三井不動産はオフィスビルを多数所有していますが、他にも数多くのマンション分譲、商業施設やホテルの運営を手掛け、不動産のみではない多くの収入と関連する子会社を連結しています。そのために１社の株価の状況が不動産マーケット全体の思惑や見込とは必ずしも一致しないのです。

一方、ＲＥＩＴはあらかじめ投資対象を定めて綿密な投資戦略、運用戦略のもとで資産運用を行なっており、その収入も基本的には所有不動産から生じる賃料収入をベースとしています。言い方を変えれば大手不動産会社のように「余計な？こと」をやっていないので、損益計算書や貸借対照表はきわめてシンプルなのです。

いわば賃料等のすべての収益をそのまま配当しているのに近い形をとっているので、ＲＥＩＴの投資口価格の動きが純粋に不動産に対するマーケットの期待感の表われと考えることもできるのです。

いずれにしてもこんなに短期間に不動産マーケットで賃料が１・５倍になる、または不動産価格が５割もアップしたりする事象は生じてはいません。このバーチャルな演出ができるＲＥＩＴとは、いったいどんな仕組みのものなのでしょうか。

次にその仕組みと特徴についてご案内しましょう。

REITの仕組み

REITはどのようにして作られるのでしょうか？ 133ページの図はあるREITの構成図です。この事例を参考にしながら説明しましょう。

まず、不特定多数の投資家から資金を集めるわけですから、その資金を受け入れる「器」が必要です。この「器」のことを「投資法人」と呼びます。不動産を投資対象としていることからこの場合は「不動産投資法人」です。ところが、この投資法人は執行役員と監督役員は存在するものの、投資した不動産を運用する従業員は存在しません。

不動産投資法人は自らが社員を雇用せずに、資産の取得や運用のすべてを資産運用会社に業務委託を行なっています。これを「外部運用方式」と呼んでいます。日本では現在この方式が採用されています。ちなみにアメリカでは投資法人が直接従業員を雇い、独立して運用を行なっています。これを「内部運用方式」と呼びます。

内部運用方式は投資法人が直接、人を雇って独自に意思決定を行ないます。投資法人自体がキャラクターを持ち、自主的な判断のもと投資運用業務を行ないますのでよ

図表⑮ REIT構成図

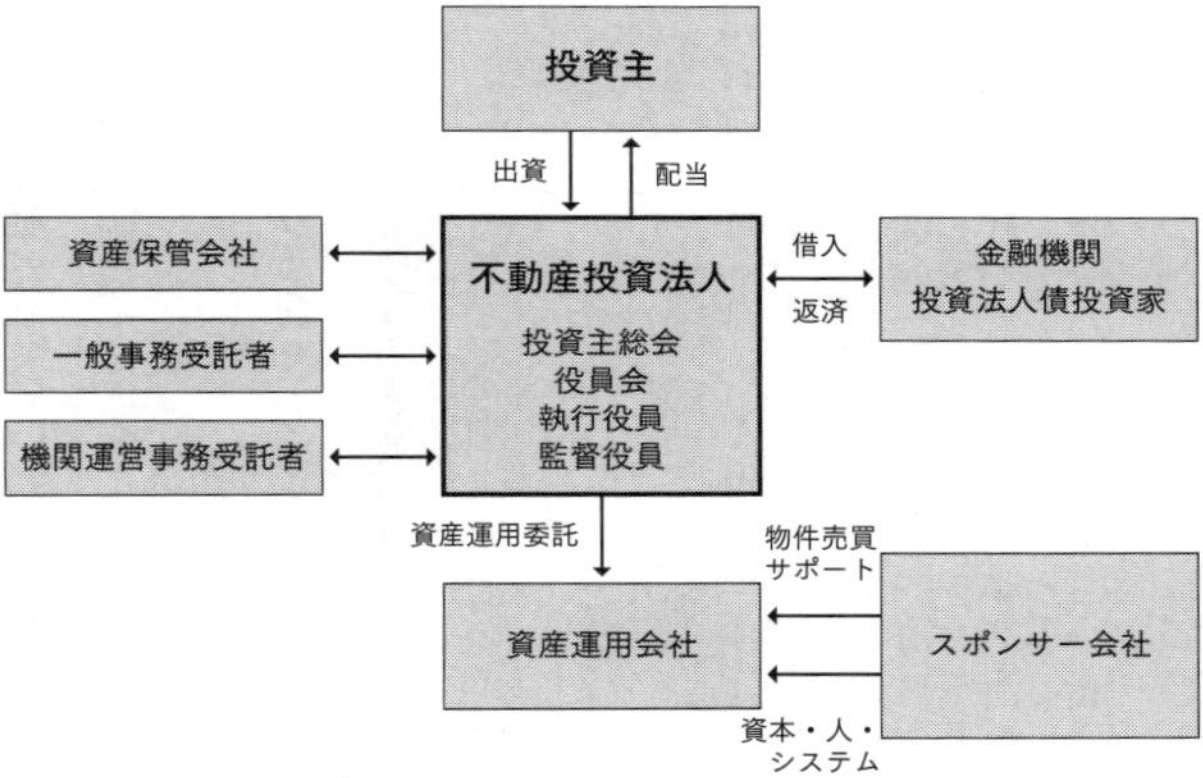

り独立性が高く、投資家の目からみてもわかりやすいといえます。

一方外部運用方式だと、投資法人の裏に隠れている資産運用会社が実質すべての投資運用業務を行ないますので、実際の意思決定を行なっているのは運用会社であり、その会社がどういった方針で投資法人を運営していこうとしているのかは、その運用会社自身と運用会社に出資をしているスポンサー＝株主によるところがきわめて大きな要素となります。

よく、日本ビルファンドは三井不動産系とかジャパンリアルエステイトは三菱地所系、東急リアル・エステート投資法人は東急電鉄系などといわれるのは、このスポンサー会社がそれぞれ三井不動産、三菱地所、東急電鉄であることを指しています。

ＲＥＩＴにおける資産の取得・運用のしかた

ＲＥＩＴはあらかじめ定めた投資運用方針のもとに対象となる不動産を取得、運用します。この取得や運用の権限を任せられているのが資産運用会社です。ということは投資法人という存在はハコ（バーチャル）にすぎないのです。

投資法人としての最高意思決定のための判断機関として「投資法人役員会」という組織は存在しても、いわゆる「手足」はすべて運用会社という外部に委託をしているということです。

「投資法人役員会」はだいたい毎月１～２回程度の頻度で開催されています。ここでは資産運用会社からさまざまな報告が行なわれます。資産への新たな投資、あるいは借入れなどの融資の状況、運用の成果などがその内容です。

重要ないくつかの意思決定については投資法人役員会の場での決議になりますが、

実際の不動産への個別の投資案件の審議などは、投資法人で事前に決定した方針内であれば、個別には決議しないなど、その判断の多くが資産運用会社に委《ゆだ》ねられているのが実態です。

さてこの資産運用会社、REIT独自のルートで資産を取得することもありますが、この資産運用会社の株主＝スポンサー会社から資産を取得するケースが多いのです。

137ページの表は2012年度におけるREITの物件取得事例をまとめたものですが、件数、金額ともに圧倒的にスポンサー企業から供給された物件の取得が多いことがわかります。（図表中の○印の番号の物件）

それもそのはずです。資産運用会社の社員は多くの場合、スポンサー会社が運用会社の株式の過半を所有していることから、そこから出向でやってきた社員を中心に構成されています。特に運用会社の社長についてはスポンサー会社の精鋭を送り込むことが多いようです。

すなわち、スポンサー会社と良好な関係を保ちつつ、スポンサー会社から流れてくる物件を忠実に取得し、これを運用していくことが、彼らのミッションともなるからです。

したがってREITの投資口を購入するにあたっては、まずはこのREITを組成している親＝スポンサー会社の方針やクレジットをよく確認して購入することが肝要となります。

「売る自由」を手にした不動産商品

このREITが日本の不動産マーケットに及ぼした影響は、非常に大きなものがありました。今まで、個人レベルでの不動産投資といえば、ワンルームマンションやせいぜい賃貸アパートなどの居住用不動産での運用でした。ところがREITは多くの資産を抱えたうえで、その資本の部分を上場させて投資口という形で1口10万円から100万円程度で売買できるようにしてしまったのです。

上場しているということは、毎日売買ができるということです。あの大きすぎて動かせない、高すぎて買えないと思っていた大型のオフィスビルや賃貸マンション、シ

図表⑯ 2012年　REITによる大型物件取得事例（100億円以上）

	タイプ	場所	物件名称	買主	売主	価格（百万円）
①	倉庫	東京都八王子市	Dプロジェクト八王子	大和ハウスリート投資法人	ディエイチ・ファンド・スリー合同会社	12, 600
②	倉庫	千葉県浦安市	Dプロジェクト浦安Ⅱ	大和ハウスリート投資法人	ディエイチ・ファンド・スリー合同会社	21, 400
3	商業施設	愛知県名古屋市	mozoワンダーシティ	日本リテールファンド投資法人	上小田井SC2合同会社	26, 750
4	オフィス	福岡県福岡市	薬院ビジネスガーデン	日本プライムリアルティ投資法人	薬院ホールディングス特定目的会社	10, 996
5	オフィス	東京都港区	コモディオ汐留	日本ビルファンド投資法人	汐留西アセット・マネジメント有限会社	28, 800
6	オフィス	東京都台東区	TIXTOWER UENO	ジャパンリアルエステイト投資法人	伊藤忠都市開発株式会社 東京開発K特定目的会社 東京建物株式会社 （五十音順）	22, 000
⑦	オフィス	東京都港区	愛宕グリーンヒルズ	森ヒルズリート投資法人	森ビル株式会社	25, 600
⑧	商業施設	東京都千代田区	東急プラザ赤坂	アクティビア・プロパティーズ投資法人	東急不動産株式会社	11, 450
9	商業施設	東京都港区	新橋プレイス	アクティビア・プロパティーズ投資法人	有限会社ピクシス	20, 500
⑩	商業施設	東京都渋谷区	東急プラザ表参道原宿	アクティビア・プロパティーズ投資法人	クロス特定目的会社	45, 000
⑪	その他	兵庫県尼崎市	COCOEあまがさき（底地）	アクティビア・プロパティーズ投資法人	東急不動産株式会社	12, 000
⑫	その他	東京都千代田区	（仮称）大手町1-6計画（底地）	日本プライムリアルティ投資法人	有限会社東京プライムステージ	36, 000
13	店舗	福岡県福岡市	VIORO	フロンティア不動産投資法人	福岡リテールホールディングス合同会社	10, 100

○印＝スポンサーからの取得物件　　　出典：各種公表資料

ョッピングモールなどが自身の資産となるのです。

しかも、一度手に入れてしまうとなかなか流動化（売却）するのが難しかった不動産が、ペーパーであることを利用して毎日自由に売買できるのです。

上場したペーパーであるがゆえにまず、購入するのが簡単です。リアルな不動産であれば、購入に伴う煩雑な諸手続きが数多くあります。売買契約書の締結、管理委託契約の締結、固定資産税の負担額の決定、重要事項説明書の説明、決済金の受け渡し、登記手続きなどなど契約手続きだけでも半日がかりとなってしまいます。

これがＲＥＩＴであれば株式や債券と同様に、ネットでクリックすればいつでも自分のものとなります。また売却する際にも、同様にネットに売りに出せば瞬時に売買を成立させることも可能です。毎日投資口価格については「場」が立っていますので、売却価格に悩む必要もないのです。

多くのＲＥＩＴが複数の物件を所有していることから、たとえそのうちの１棟が空室になっても他の物件での実績と合わせることで、リスク分散も図ることができます。

いわば、ＲＥＩＴは投資家にとって「買う自由」「売る自由」を手にすることができる、そんな商品なのです。

ＲＥＩＴのリスク

少額の投資資金では本来手が出せないようなオフィスビルやマンション、ホテルや商業施設でも、ＲＥＩＴというハコを利用することで、数多くの投資資金を集めてこれらの大型物件に投資ができる。またそれらの施設の運用は資産運用会社というプロの会社がすべて面倒な手続きもなく運用をしてくれる。そういった意味でＲＥＩＴは非常に画期的な商品です。

さらには買っている投資口は不動産本体ではないために、ペーパーとしてマーケットで流通する。つまり日々売り買いができることからお手軽な不動産投資の手段として多くの投資家に認知されるようになりました。

しかし、一方でＲＥＩＴの日々の投資口価格は必ずしもその時々の不動産マーケットの現実を表わしてはいないことに注意をする必要があります。

たとえば先ほどのジャパンリアルエステイト投資法人（ＪＲＥ）の事例ですが、２月から4月までのわずか２カ月の期間で投資口価格が１・56倍になりました。実際のリアルの不動産では不動産価格や賃料が大幅な上昇をしたという事実はないものの、投資口価格は今後の不動産マーケットの活況を織り込んで上がっているということです。それが本当にそうなるか、ならないかは別にして。

あるいは現在の投資口価格から推し量った配当利回り２・14％で日本の不動産が取

引されているのかといえば、おそらくそのような低利回り（＝高価格）の不動産取引がほとんど存在しないであろうことは想像にかたくありません。

つまりREITの投資口価格も、この先の期待や思惑を織り込んだバーチャル不動産の価格となっているのです。したがって、REITの投資口価格が上昇しているからといって日本の不動産は買い時、などと単純に考えてはならないのです。

特にREITの評価をする場合には、資産運用会社の株主＝スポンサーと投資法人との力関係をよくチェックすることです。

先ほどのREITによる大型物件の取得事例を見ていただくと、多くの不動産案件がいわゆるスポンサーからREITに売却されたものであることがわかります。

REITにいつも自社で開発した優良物件を優先して売却しているスポンサーというのが通常の解釈ですが、中には自社で持ち切れない、あるいは他の物件の購入をするために一刻も早く売却処分してしまいたいような物件を、スポンサー会社側の都合のよい価格でREITに買わせているのではと、勘繰りたくなるような取引事例もあるのです。

スポンサーにとっては自社組成のREITは、自社の物件を放り込むのに誠に都合のよいハコ、という解釈も成り立つのです。もちろん、こうした一方的な物件の押付けが生じないように、資産運用会社内には物件投資の際の価格を審議する投資委員会やコンプライアンス委員会などという組織で取引条件などを綿密にチェックするルールとなっていますが、そもそも資産運用会社の役員や社員の多くはスポンサー会社からの出向者によって占められているわけですから、あまりアテにもできません。

不動産取引の活発化というニュースも、実はREITとスポンサー会社の間だけで演出されているバーチャル空間での出来事なのかもしれません。

そもそもREITマーケットの時価総額はようやくリーマン・ショック前の水準である7兆円台に回復したと言われています。

しかし、金融マーケットの常識からいって、マーケット内でたとえば年金基金のような大口の投資家が自由に売買できるためには約20兆円程度の規模がないと覚束《おぼつか》ないそうです。

時価総額が小さい分、1日当たりの取引量も少なく、マーケットとしては外部環境の変化には対応が難しいために投資口価格の乱高下が起こりやすいとも言えるのです。

　このようにREITは不動産の民主化の先兵として、多くの投資家に気軽に不動産運用ができる道筋をつけた画期的な商品でした。しかし、その成り立ちはあくまでも金融商品としての性格を帯びているために、必ずしもリアル不動産の実態を表わすような指標ではなく、むしろバーチャル不動産の代表選手として位置づけられるようになっています。このことを念頭にバーチャル不動産としての投資を考えられることをお勧めします。

4　「バーチャル」と「リアル」の埋められない溝《みぞ》

　金融マーケットとリンクすることによって発達してきたバーチャル不動産。バーチャル不動産は常に金融という血液を得ながら、投資家や金融機関の思惑や妄想までをも飲み込んでその地位を築いてきました。

金融という血液を得ることによって不動産は蘇《よみがえ》り、活性化し、ふたたびマーケットで信任を受けられるようになりました。つまり、今までは不動産は読んで字のごとく「動かしにくかった」のです。

ところが金融という血液をとりいれた手法を駆使することで、誰でも簡単に取得し、運用できる商品に仕上がっていったのです。そうした意味で、不動産の証券化は多くの不動産の利用価値の拡大を促し、何よりも動かなかった不動産を「動かす」ことに成功した画期的な手法と言えるものでした。

しかし、バーチャルな世界がもたらした新しい不動産マーケットは私たちをいったいどこに連れて行ってしまうのでしょうか。それはリアルな不動産がきちんと裏づけられているようなものなのでしょうか。両者には実は深くて暗い溝《みぞ》があるのです。

マネーゲームと化すバーチャル不動産

ファンドバブルといわれた２００６年から２００８年の頃、私はあるＲＥＩＴ運用会社の社長をやっていました。スポンサー会社は新興系で、当時は飛ぶ鳥を落とす勢いで急成長をしていた不動産ファンド会社。自分たちが組成したプライベートファンドで次々と物件を仕入れてはＲＥＩＴに売却していくことで、大きな収益を上げていました。

世の中はファンドバブルの真っ盛り。先行した外資系ファンド会社に負けじと激しい物件争奪戦が繰り広げられたのも、この時代でした。

私も関係会社の役員としてこのスポンサー会社の投資ミーティングには任意で参加していたのですが、ミーティングははじめのうちこそきちんと物件の性能、賃料の査定、将来性あるいはリスクの評価が行なわれていましたが、あまり詳細にリスク評価をやると物件入札に勝てなくなる。そのうち、「勝てる」ためにはどのように数字をいじくれば、その数値に近づけるかといった本末転倒の議論になっていきました。

彼らが購入した物件はやがて私のＲＥＩＴに売却される。その時はさらに利益がオンされてとんでもない価格になる。その時に本当にそんな価格で買えるのか。ＲＥＩＴは上場され、個人も含めた投資家のお金で成り立っています。本当に投資家の納得を得られるような値段でＲＥＩＴは物件を取得することができるのか。それは単なるバーチャルの数字合わせをしただけではないのかと、当時は大いに悩みました。

私自身もある銀座の一等地の物件入札では、REITの広告塔としてどうしても取得したいという気持ちのあまり、想定賃料をだいぶ引き上げて入札に臨んだこともありましたが、私たちのオファー価格を20％も上回る高値で落札されて驚愕《きょうがく》したことがありました。

結果としてはこの入札、勝ち取った外資系ファンド会社はその後この物件の処理に大いに困り、多額の損失を出したとのことでした。

それではこの時、リアル不動産の動きはどうだったのでしょうか。銀座の賃貸価格は1階などの路面店の賃料はファンドバブル景気の影響もあってやや上昇気味でしたが、上層部のオフィス部分などはそれほど大きく値上がりするような状態にはなっていませんでした。

外資系ファンドはおそらく、ビルのテナント全体に大幅な賃料の引き上げの交渉を行なったのでしょう。でもその行為はあくまでもバーチャルの中で想像していただけの数字。実態はリアルなテナントがそんな値上げ交渉に応じるわけもなく、利回りは想定を下回ったまま。そのうちにファンドバブルは終焉。宴《うたげ》は短い時間で終了したのでした。

トレンドで左右されるバーチャル価格

それではバーチャル不動産の価格はどのようにして決まっていくのでしょうか。不動産が金融とつながったことから、バーチャル不動産の価格は限りなく株式や債券のような金融マーケットの動き方と似た動きをするようになってきました。つまり、比較的短期間で上昇と下降を繰り返すような動き方です。

今までのリアル不動産は戦後の一貫した上昇局面からバブルの崩壊、その後の一時的なファンドバブルでの上昇から一転下落を続ける構図にありました。

ところが、147ページの表に掲げたように東証REIT指数の推移をみると短期間で指数はかなり激しく上下動を繰り返していることがわかります。この動きはリアルの不動産の価格変動というよりも、時の政策、金利、為替などの金融情勢、財政、政治、外交などあらゆる要因を背景として価格変動を繰り返していることを示していま

図表⑰ 東証REIT指数の推移

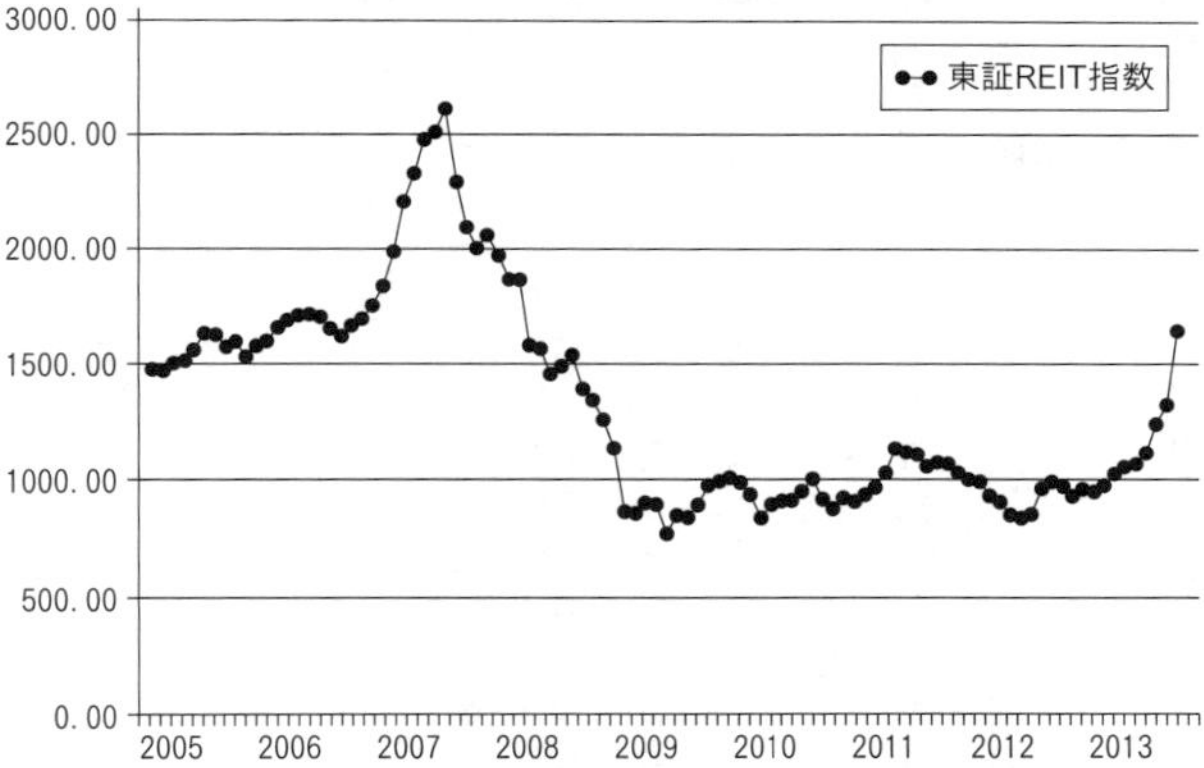

出典：不動産証券化協会

す。

不動産取得にあたって投資家が使うキャップレートも先ほど説明したように、マーケットの状況や今後の取り組み方針などでいくらでも変動するようになっています。

マーケットのトレンドが上昇局面であれば、キャップレートをどんどん緩く（小さく）していけば、取得できる予算は上がります。賃料が今後どんどん上昇すると見込めば、買える予算は膨らみます。

バーチャル不動産の強みは、このようにすべてが数字の組み立てから成り立っているということです。ということは、ちょっとした思惑、疑念、噂の類《たぐい》まであらゆる要素が価格に反映されやすい、つまりバーチャルに価格が動いていく世界になるということです。

投資家からのプレッシャー

もうひとつ忘れてはならないのが、投資家からのプレッシャーです。バーチャル不動産の多くがバックに投資家を抱えています。

投資家にもいろいろなタイプがいます。中長期にわたって物件を保有し、その運用益をたっぷりと享受して出口ではそこそこの価格で売却できれば良しとする投資家、あるいは短期で高利回りの不動産（つまり物件的には価値の低い不動産）をなるべく安く仕入れてテナントの埋め合わせや簡易なリノベーションなど多少のブラッシュアップを施して短期間のうちに出口で売り抜けて鞘取《さやと》りをすることを好む投資家などさまざまです。

運用を任されている運用会社は大変です。投資家の設定する投資ルールを順守しつつ、定められた期間内に予算を消化しないとならないからです。しかもマーケットは活況になればなったで競合が激しくなり、なかなか思うようには物件を取得できなくなってしまいます。

そこでどうしても数字上の無理をする。辻褄《つじつま》を合わせようとする。エクセルシート上での数字のお遊びは難しくないのですが、これにリアルな不動産が実際についてくるのかと言えば話が違います。

以前、不動産ファンド会社の開発案件のミーティングに出席した時のこと。激しい入札を勝ち抜くのにみんなでアイデアを巡らしていたところ、ある若手社員が地下フロアの想定賃料を月坪４万２０００円にしようと言い出しました。ドライエリアがあって採光がとれるので、地上階に近い値段がとれるのではという主張です。

私は三井不動産時代を通じてオフィスビル事業には長らく携《たずさ》わってきましたが、地下フロアの賃料で３万円を超える値付けの経験がありませんでした。

しばしオブザーバーという立場を忘れて、

「ありえないでしょう。鞄を持ってテナント先に営業行ったことがないのなら、まずは靴底減らして歩き廻ってごらんよ」

と、思わず憎まれ口をたたいてしまったのでした。

しかし、このことはともかく、どうしても投資家のプレッシャーにより無理をして買う、価格にはとりあえず目をつぶってでも与えられたノルマを果たそうとするあまりそこから導き出される数字と現実＝リアルな世界との乖離《かいり》が蔽《おお》い難《がた》いものとなってしまうのも、このバーチャル不動産の実態なのです。

リアル不動産は、バーチャル不動産についていけるのか

現在のアベノミクスをはじめとしたさまざまな景気刺激策により、とりあえずはＲＥＩＴや大手不動産会社には潤沢な資金が流れ込み、投資口価格や不動産会社の株価が大幅に上がる効果はあったようです。

これらの支援を受けて大手不動産会社は、開発用地の取得や分譲マンションの建設を増やしたり、ＲＥＩＴは物件の新規取得を大幅に増加させています。

ＲＥＩＴの配当利回りが２％台になったのはファンドバブル以来。またこれらの動きに後押しされて一般の不動産マーケットでも不動産取引量の増加や一部では価格の上昇もみられるようになってきました。

さて、投資利回りは先ほどもご説明しましたように、東京都心では4％から最近では4％を切る動きも現実化しています。しかし、昨年と比較してオフィスなどの賃貸資産の稼働率や平均賃料が大幅に上昇したといったデータは、一部を除いていまだに顕在化されていません。

それでは今後の日本の不動産マーケットはどのようになっていくのでしょうか。これには2つのシナリオが考えられます。

ひとつ目は、バーチャル不動産が牽引した投資利回りの縮小やREIT価格の上昇、不動産会社株価の上昇といった事象に、次第にリアル不動産がついていくというシナリオです。この現象は、実は2005年から2007年頃に生じたファンドバブルの時のストーリーでした。当時は好調な世界経済のもと日本の輸出は大幅に伸び、関連する企業のオフィスニーズが発生。2003年問題をクリアしてむしろ払底気味だったオフィスの供給とあいまってオフィスマーケットは空室率の大幅な低下、一部ビルでの賃料の上昇という局面につながったのでした。

2つ目のシナリオは、こうした金融による演出に実体の経済が追いつかないことによるマーケットの反転です。現在のキャップレートの低下はあくまでも先行きの経済見通しに対する楽観的な見方が前提となっています。

ところが世界を見渡してみると、国外では米国経済の足踏み、中国をはじめとした新興国経済の減速、韓国経済の不調、国内では成長戦略による内需拡大が本当に緒《しょ》につくのか、消費増税によってふたたび消費が落ち込む可能性が取りざたされる中、不安定な要素には事欠きません。

仮にバーチャルで膨れ上がった期待値にリアルが追いつかない事態となると、バーチャル不動産は一気に下落するというリスクの顕在化が懸念されます。いわゆる過剰流動性の発生です。平成バブルの時と同じシナリオが、当時とは比べ物にならないスピードで一気に押し寄せるのです。なぜなら平成バブルの時と違い、今や不動産の多くがペーパー化、バーチャル世界の仲間入りを果たしているのですから、これが三度目のバブル崩壊の引き金になる危険性を持っていると言えるでしょう。

そもそも、リスクフリーレートである国債が今後暴落、金利が急上昇を果たすと、不動産取得のためのキャップレートは大幅に上昇する、つまり不動産価格が下落する。不動産価格が下落すればリスクプレミアムも上昇してさらにキャップレートは上昇、結果として不動産は暴落するというシナリオも現実味を帯びてくるのです。

バーチャル不動産に流入したお金がリアル不動産にも適度に流れ、日本経済の回復とともに不動産マーケットも回復する。この成長戦略は理論としては正しいし、不動産業界に身を置くものとしてはぜひ実現をしていただきたい施策だと思います。しかし、一方で牽引しているのがバーチャルであるがゆえにその内包しているリスクの大きさにも十分な覚悟をもって不動産と付き合っていく必要がありそうです。

まちがっても、平成バブルのような「いけいけどんどん」ではありません。そのためにも今いちど足元のリアル不動産をしっかりと見極め、底に流れる新しい潮流を見定めることです。こんな中でも必ず上がる不動産は存在するのです。

次章では、その潮流を見つけに行きましょう。

第3章　不動産価格は上がるのか

1　路地裏不動産の沈没

大手とそれ以外の格差が進行する不動産業界

157ページの表は大手不動産会社４社の２００７年および２０１２年の有利子負債の金額を比較したものです。これによれば住友不動産はここ５年間で有利子負債は１・73倍、その額は２兆５０００億円に達しています。２０１２年の住友不動産の売上高は約６８８６億円ですから、売上高に占める有利子負債の比率は３７０％にも及ぶことになります。

住友不動産のみならず、この状況は三井不動産、三菱地所、東急不動産に至る大手不動産会社のすべてに及んでいます。

リーマン・ショックを契機とした金融危機を経《へ》て、多くの不動産会社やファンドマネジメント会社が事業の縮小や倒産を余儀なくされる一方で、大手不動産会社については金融機関からは潤沢に資金が供給されていることがわかります。

図表⑱　大手不動産会社の有利子負債の状況

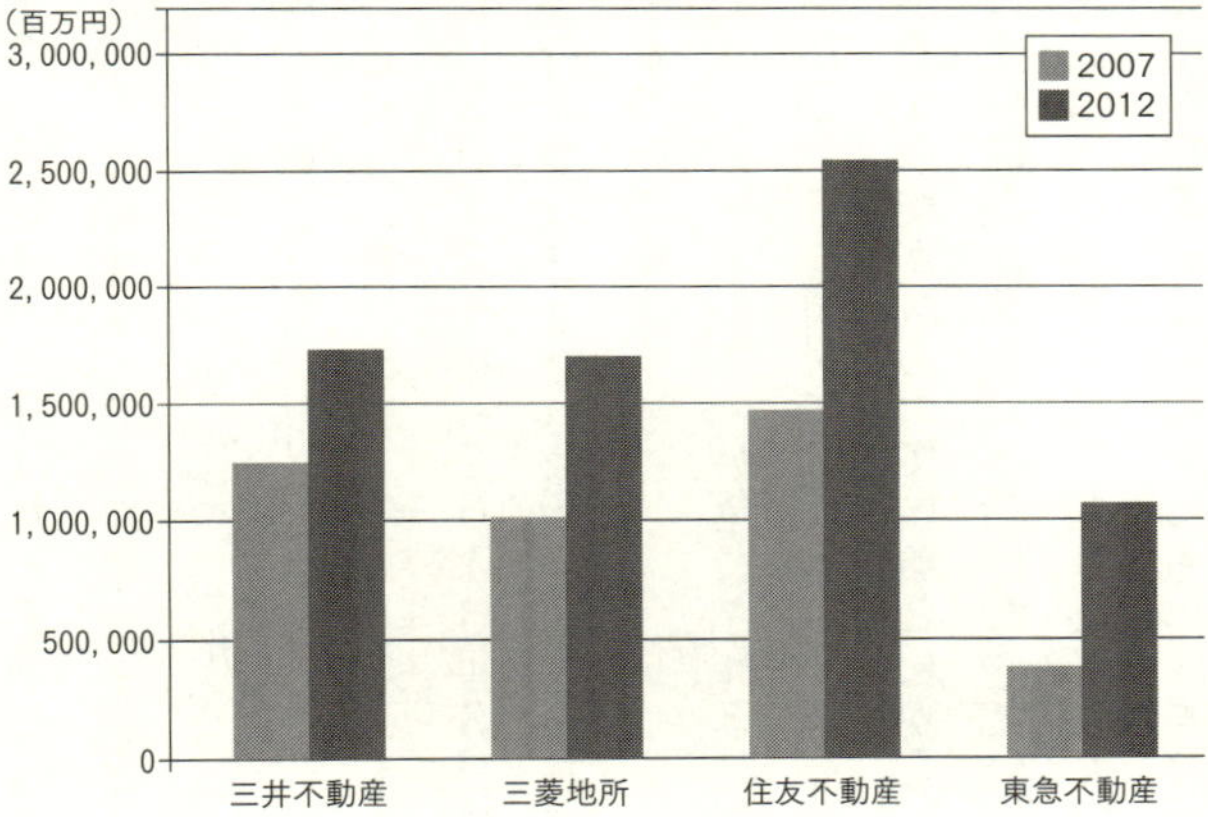

売上高に占める有利子負債比率

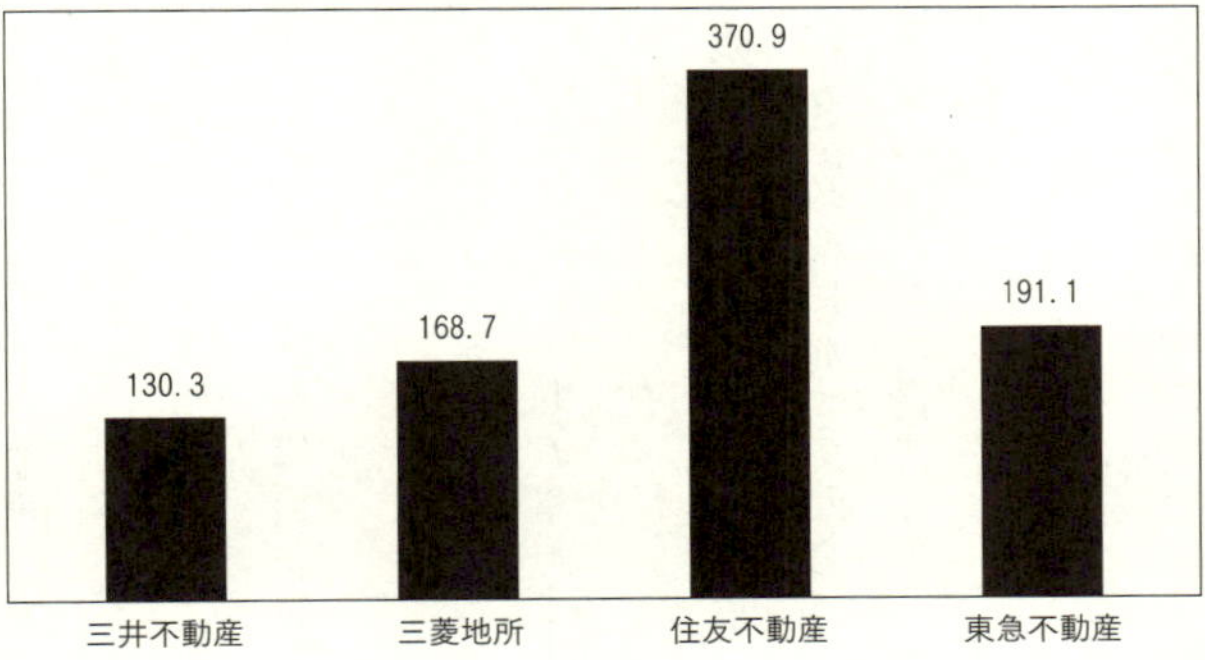

出典：各社有価証券報告書

また、ＲＥＩＴと呼ばれる不動産投資法人については、ここ１年で金融環境は大幅に改善しています。ＲＥＩＴは不動産物件の購入資金を自らの投資口（株式会社の株式に相当するもの）の増資、一般企業での社債にあたる投資法人債の発行または金融機関からの借入金で賄《まかな》っていますが、大手のＲＥＩＴを中心に盛んに資金を調達している姿がわかります。

特に２０１２年から２０１３年３月にかけての増資額は３１５８億円、投資法人債の発行価額は２２０９億円（不動産証券化協会調べ）にも及び、マーケットは活況の状態が続いています。

実は、アベノミクスが発表される以前から、金融機関のマネーは大手不動産会社や大手ＲＥＩＴに潤沢に流れ込んでいたのです。さらに安倍政権になってからは、さらなる資金供給が図られていることから、こうしたマネーの流入を背景に今後不動産価格は上昇に向かうという話になっていくのです。

実際に２０１３年に成立した主な大型不動産売買事例を見ると、その多くが大手不動産会社やＲＥＩＴによるものであり、また数例は大手事業法人が実需として取得し

図表⑲ REITの増資および投資法人債の発行状況

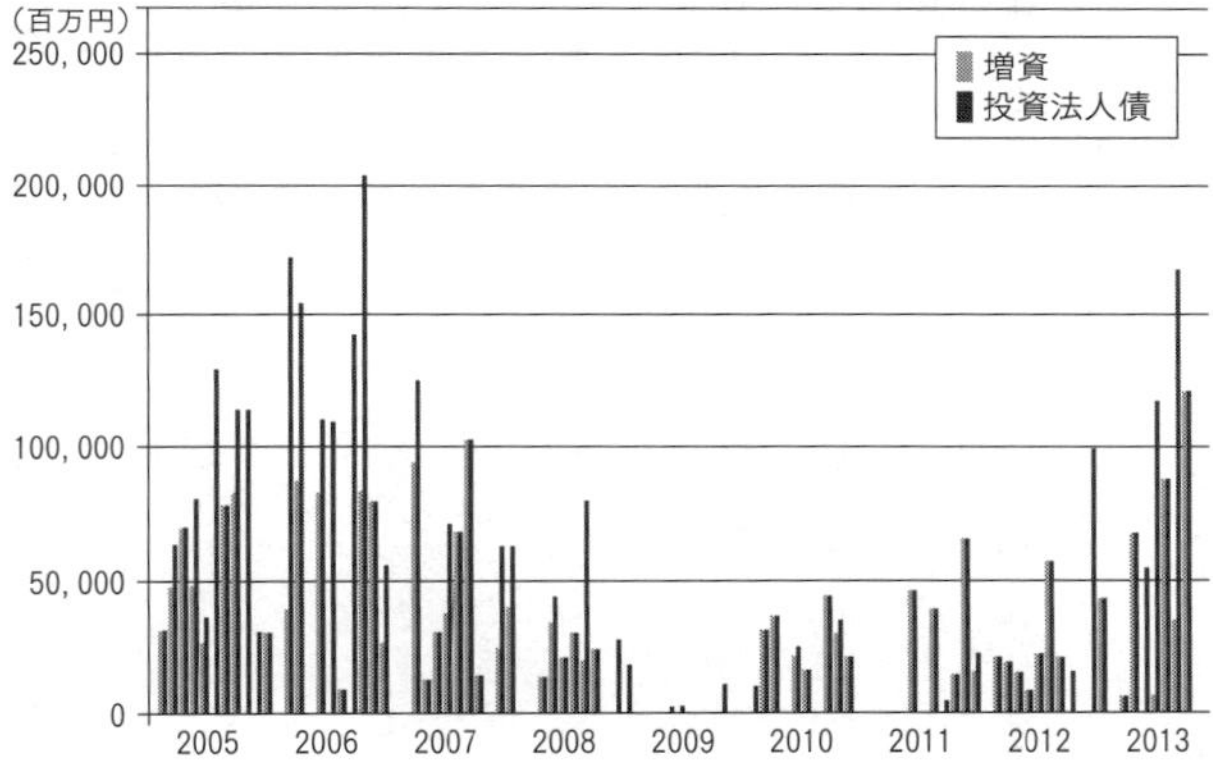

出典：不動産証券化協会

たものが中心となっています。

これは平成バブル時代に新興系不動産会社が大手不動産会社をさしおいて次々に大型物件を取得した頃と、またはファンドバブル時代に外資系ファンドが都内の数多くの大型オフィスビルを巨額の資金で傘下におさめていた頃とは、やや異なる動きでもあります。

今後、アベノミクスが浸透する中、金融機関から流れ出るお金は大手不動産会社やREITから、徐々に中堅不動産会社や事業法人にも供給されることが予測されます。また、為替が円安になることで、実質不動産価格が「値下がり」となる外資系ファンド会社に新たに日本で大型の不動産投資ファンドを組成する動きも顕在化してきています。

それでは昔のようにまた不動産バブルの熱狂が日本に訪れることになるのでしょうか。

日本のオフィスマーケットや住宅マーケットは、以前とどのように変わってきているのでしょうか。また、新たに勃興している分野はあるのでしょうか。

不動産のカテゴリー別に「新しい流れ」を見てみましょう。

オフィスマーケットの二極化

「東京都心のオフィスビルは底這《ば》いから上昇の兆《きざ》し」

「都心Aクラスビルの賃料は上昇」

こうした見出しがメディアに躍《おど》ることが多くなっています。

不動産調査会社・三幸エステートの調べによれば、2013年第1四半期の都心3区（千代田・中央・港）のオフィスビルの空室率は7・1％と前年同期比で0・6％

の改善。このうち都心Aクラスビルに限ると平均成約賃料は月坪2万7600円と前年同期比なんと15・8%の上昇という衝撃的なデータを発表しています。

一方、三鬼商事が毎月発表している東京都心5区（3区に加えて新宿・渋谷）の最新オフィスビル市況（2013年7月）によれば、都心5区のオフィスビルの平均空室率は8・29%、前年同期は9・30%ですので1・01%の改善ということになります。

ところがこれを平均賃料で比べると月坪1万6130円で、前年同期比で431円の下落となり、賃料の下落傾向は継続していることがわかります。

この違いは何から来るのでしょうか。

まず、三幸エステートで定義している都心Aクラスビルとは、同社がエリアや建物の延床面積で1万坪以上、基準階面積（基準となるフロアの1フロアあたりの賃貸面積）で300坪以上、築年数15年以内、設備で天井高2・7m以上、個別空調、高耐震性能、環境対応などの厳しいガイドラインに適合するオフィスビルとしており、この基準に該当する物件は約140棟ということになっています。

これに対して三鬼商事のデータはもっと幅が広く、都心5区に存する基準階面積100坪以上のオフィスビルを対象としており、その数は2659棟にも及んでいます。

延べ床面積で1万坪といえば、かなり立派なビルです。1フロアが500坪（基準階面積で約350坪程度）でも20階建てに相当するオフィスビルです。

一方で基準階面積100坪のオフィスビルといえば、都内のいたるところに存する中型以上のビルが対象となります。

ということは、超高層ビルだけのカテゴリーでのデータと、このデータに一般の中型ビルまでを含めたオフィスビル全体のマーケットの動きには、明らかに乖離《かいり》が生じていることになります。

実際に、中小ビルオーナーの方々に最近の状況をお聞きしても、返ってくるのは厳しい言葉ばかりです。そもそもマーケット全体で空室率が7％あるいは8％となっていること自体が、オフィスビルマーケットの中では完全な「借手市場」です。中小ビルオーナーの方々の嘆《なげ》きはよく理解できます。

ちなみに、大手不動産会社が公表している自社所有あるいは運営管理する主要なオフィスビルの空室率は、軒並み3～4％程度です。一般的には空室率で4％を切るとマーケットでは「貸手市場」と言われていますので、大手不動産会社にとってはもはやオフィスビル不況は完全に「峠を越えた」状態なのです。日本経済新聞などのメディアで、大手不動産会社の役員がオフィスビルマーケットについて明るい話題を振りまくのもむべなるかな、です。

またREITの代表銘柄で三菱地所や三井不動産がスポンサーとなっているジャパンリアルエステイト投資法人および日本ビルファンド投資法人が発表している自法人所有のオフィスビルの入居率は、それぞれ2013年6月末で96・3％（空室率で3・7％）、97・8％（同2・2％）という立派な数字が並んでいます。

ここまでの数値になると、オーナー側としては賃料の値上げすら視野に入ってきてもおかしくはないでしょう。

どうやらオフィスビルマーケットでは、大手不動産会社やREITといった勝ち組と、それ以外の負け組の構図がより鮮明になってきているようです。

ではなぜ、こんな格差がついているのでしょうか。中小ビルオーナーの実態を追います。

厳しい中小ビルオーナーの実態

中小オフィスビルオーナーにとって、ここ数年は厳しい冬の時代を迎えています。2011年3月の東日本大震災の発生は都心のオフィスビルオーナーにも大きな衝撃をもたらしました。

1981年（昭和56年）以前に建築確認申請を行なった、いわゆる「旧耐震」のオフィスビルに対するテナントの引き合いが激減したのです。東京都内ではこの地震の発生によって倒壊したり大きな損傷を受けたオフィスビルはなかったものの、壁に亀裂が入ったり、窓ガラスが割れるなどの被害を被《こうむ》ったオフィスビルは、けっこうありました。

大手不動産会社は震災後いちはやく、耐震補強や備蓄食糧、防災グッズの整備、非常用電源の確保など次々に手を打ち、テナントの信頼を得るところとなりました。

ところが小規模で資金力のない中小オフィスビルオーナーではこうした対応は難しいものがあります。オフィスビルの賃料が上昇を続けていた時代はさておき、リーマン・ショック以降の空室率の上昇や賃料の下落に苦しんでいたオーナーに、災害発生時での緊急対応やそのための各種装備の実装など、及ぶべくもありませんでした。そうした中、大手不動産会社から次々にテナントを引き抜かれるのを黙って見ているほかはなかったのです。

また大手不動産会社は、自社のもつ築年数が古く耐震性能を満たしていないオフィスビルについては、順次建て替えを促進しています。丸の内、八重洲、大手町、日本橋などは現在、この建て替え計画が目白押しです。工事現場で動き回るクレーンの轟音が響かない日はないほどの建築ラッシュとなっています。

彼らの建て替えるオフィスビルは容積率もかさ上げしたうえで、最新の耐震構造、防災、省エネ、環境対策もばっちりです。快適になったオフィス空間で既存ビルのテナントの引き抜きを行なうわけですから、勝負は最初からあきらかです。

では、中小オフィスビルも、建て替えてこの流れに抗《あらが》うことができるのでしょうか。

2012年に、私はご縁があって都心3区にある中型ビルの建て替え計画のコンサルティングを担当させていただきました。延べ床面積1200坪ほどの建物ですが、立地は東京のど真ん中。既存のテナントに退去いただいてから建物を解体、新しい建物を建築する計画で、建て替え後は新たにテナントを募集し、中長期にわたって安定的な運用資産としていく構想でした。

私は三井不動産勤務だった頃より都心のオフィスビルの開発計画を数多く担当してきましたので、この計画自体それほど難しい内容ではないと、初めは考えていました。

ところが新築オフィスビルのマーケット状況から新しいオフィスビルでの竣工後の収支シミュレーションを見て、驚きました。まったく収支が回らないのです。何か計算を間違えたのでは、と何度もエクセルシートをチェックしたほどです。

原因は今の中小オフィスビルの問題そのものでした。つまり、もともと敷地自体が大きくないので建て替えたところで容積率などのボーナス（割増し）はないこと。中小オフィスビルマーケットは賃料水準が長期下落傾向にあり、新築ビルといえど既存オフィスビルよりも高い賃料を得ることが難しくなっていること。大手不動産会社が企画している最新鋭ビルであれば、防災に対するあらゆる対策や体制が整っており、災害時にBCP（Business Continuity Plan＝事業継続性）を求める最近のテナントニーズに対応できるが中小では困難などなど、ただ建物が新しいだけでは競争に勝てないのでした。かてて加えて、上昇が懸念される建築費も頭痛の種でした。

結局私が出した結論は、この仕事をお請けした時とはまったく異なる結論で、

「耐震工事をしてあと10年建物をもたせましょう」

という、誠に夢のないプランになったのでした。

東京のど真ん中のオフィスビルでさえ建て替えが不可能。中小ビルオーナーはこれからどうやって生き延びていけばよいのか、途方に暮れる案件でした。

今後も進むオフィスビルの二極化現象

東京のど真ん中でも建て替えができないオフィスビルマーケットの現状は、なにを

物語っているのでしょうか。

オフィスビルという運用資産について、建物という器《うつわ》を用意してこれをテナントに貸すという事業の枠組みで考えてみましょう。収益をもたらすテナントの需要はどうでしょうか。日本の経済の状況は以前のように国内需要が伸びない構造にあり、しかもオフィスビルワーカーは人口減少や高齢化による大量の退職者が予定される中で、大きな伸びは期待薄です。

東日本大震災を契機に建物自体の安全・安心が問われ、企業のＢＣＰを満たす設備、備品の実装が必須となり、建物オーナーに対するテナントの要求水準は従来の「ハコだけ用意すれば」というレベルをはるかに超えています。それでいてオフィスビルの需給バランス上、これら装備の実装が賃料に直接には反映されません。こうした状況に対応できるのは、大手不動産会社などの一部企業だけということになります。

建て替えるにしても、現状の建物をそのまま建て替えるのでは、ほとんどのオフィスビルで採算が取りづらい状況にあります。テナントが要求する水準を満たすオフィ

図表⑳ 東京23区内の大型オフィスビル供給状況

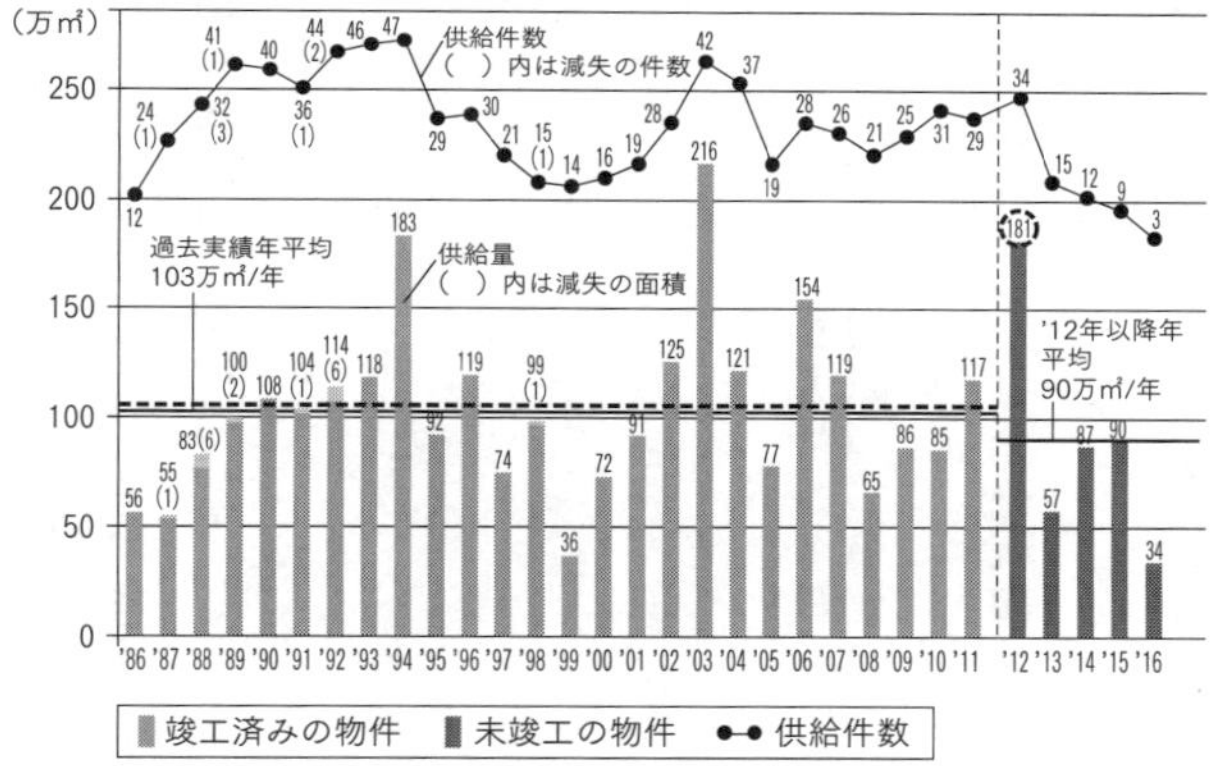

出典：森ビル

スビルを用意しても賃料は以前とさほど変わらない。むしろ既存のテナントの退去や解体費、上昇が続く建築費を賄って収益が出る案件は、稀《まれ》になっています。

一方、大手不動産会社であれば、周辺の土地も買収して容積率をかさ上げして、建物のグレードアップをふんだんに施すことで従前よりも質の高いテナントを誘致して新たな収益を得ることが可能となります。

これは、完全なマーケットの二極化といえましょう。上の表は森ビルが発表している東京都内での大規模ビルの供給面積の推移と今後の予測です。

1986年からの25年間、東京における大規模ビルの供給量はおおむね平均100万㎡（約30万坪）といわれてきました。2011年から2012年にかけてはこの平均値を超える供給が続いていました。そのために都内新築ビルの空室率はこの期間、高い水準にありましたが、今後はこの供給量が絞られてくると見られています。しかも、この供給の主体は主に大手不動産会社などによる既存オフィスビルの建て替えです。

都内のAクラスビルの賃料が上がり、空室率も改善に向かうのは、こうした「勝ち組」の状況を語っているのにすぎないのです。

2　買ってはいけないリアル不動産とは

不動産のコモディティー化現象

あらゆる商品がコモディティー化（汎用《はんよう》品化）していると言われています。

たとえばマクドナルドのハンバーガー。1971年7月20日、東京の銀座四丁目、三越銀座店の1Fという超一等地にオープンしたこのお店は、当時店内には座席がなかったことから、このアメリカ生まれのハンバーガーを一つ味わおうと大勢のお客が行列を作り、立ったままで当時としては値段の張る1個80円のハンバーガーにかぶりついたものでした。

40年たった今でもこのハンバーガーの値段はあまり変わっていませんし、マクドナルドは日本中どこにいってもその変わらぬおいしさを味わうことができるようになっています。今やハンバーガーを特別なものと考える日本人はいないでしょう。

液晶テレビが世に出始めた２０００年代初頭、従来のブラウン管テレビと異なり薄型で鮮明な画像を提供するこの画期的な商品は、１インチあたり約1万円というのが常識的な値段でした。今では32インチ程度であれば5万円前後でも買えてしまいます。つまり1インチ１５００円程度にまで価格が下がっているということです。わずか10年あまりで起きた出来事です。

モノの値段が下がるのは消費者にとってはけっして悪いことではありませんが、ではなぜこんなに下がり続けているのでしょうか。これが商品のコモディティー化と言われている現象です。

つまり、ある製品が発明される。それが良いモノであれば、人はどんどん競ってその製品を買う。ところが、多くの人がその製品を買ってその効用を享受する。すると、その製品そのものの価値が、生活のうえではごく「あたりまえ」となってしまうのです。

製品の差別化がしにくくなると、これを製造する供給者は差別化の要素を品質ではなく、価格に求め出します。幸いコモディティー化しているので、大量生産は可能になっています。他社を凌駕《りょうが》するには価格で勝負、というわけです。

このように多くのモノだけでなくサービスまで含めて、「あたりまえ」になったことで、すべての価格が安くなる。今の世の中はそんな方程式が幅を利《き》かせる時代になっているのです。

コモディティー商品が行きつく先とは

ネットの普及は、このコモディティー化社会のスピードをさらに加速させています。ネットを通じてあらゆるものの情報が公開され、比較される。このフィルターにより、モノの価値が普遍化され、やがて価格競争が生じ、モノやサービスの値段が下がっていくのです。

不動産の世界も、今やこの社会現象の洗礼から無縁ではありません。

以前は憧《あこが》れだったマイホーム。今では結婚をするとどちらか一方の親の家は余る時代です。余っていても賃貸資産などに活用できるような家ならよいですが、郊外の駅からバスに乗る案件などは借り手もつきません。

マンションも今では普通にみんなが住んでいる形態。よほどの高級マンションでもないかぎり、中古物件としてその資産性に魅力を感じる物件は少なくなっています。

新築マンションはどうでしょうか。今ではどの新築マンションでもある程度の規模の物件になると、必ず購入を検討している人たちの間でネット掲示板などにスレッドがたって、さまざまな情報交換がされています。担当者のつぶやいたちょっとした失言までネットで大きく取り扱われてしまいますので、売る側も大変です。

ましてや販売も終わりに近づき、「値引き」の話になると、あっという間《ま》に情報が駆け回ってしまいます。昔のように「あなただけの特別プライスですよ」などといい加減なことは口走れなくなっているのです。新築マンションとて車と同じく、売れた途端に中古マンションになってしまいます。マンションという存在があたりまえ（コモディティー）になっている限りにおいては、他物件との差別化は難しいと言わざるをえません。

さてこの現象の行きつく先、結果として生じるのが、同じような性能、同じようなサービス内容による徹底した価格競争です。この仁義なき価格競争に突入すると、ものを言うのが資本の力です。

多くの中小企業や老舗《しにせ》と言われた「特別な」存在であったはずのモノやサービスがこの論理のもとで駆逐されています。やがては大企業同士でもM&A（合併・買収）を通じて、さらなる競争を繰《く》り広げる共食いのような現象が生じています。

工業製品とは異なり個別性が強いと言われる不動産でも、供給されているマンションや一戸建て住宅の基本性能は、それほど異なるものではありません。

アベノミクスでは長期にわたって日本経済を苦しめる元凶のひとつとしてのデフレ

からの脱却を掲《かか》げていますが、商品のコモディティー化現象を止めることは不可能でしょう。

なぜならこの現象はある意味、資本主義の行きつく究極の終着点であるからです。差別化できない商品に、商品としての高い価値、あるいは資産性というものを見出しにくくなっているのが現代なのです。

ムードに流されない不動産投資

「日本人はムーディーな国民性です」

私が海外の投資家に日本を説明する時によく口にする表現です。ムーディーとはムードに流されやすいということです。以前、「KY」という言葉が流行《はや》りました。空気（K）を読まない（Y）という意味ですが、日本人は巧《たく》みに周囲の状況を読んで、根底に流れているムードに順応しようとする性格の強い国民のようです。

このことはともすれば、全国民が一斉に同じ方向に走ってしまうという危険も孕《はら》んでいます。特に小選挙区制度が導入された後の衆議院議員選挙などが行なわれるたびに、票が一政党に極端に集まる傾向からも見て取れます。

不動産についても例外ではありません。平成バブルの崩壊までは、不動産は持っているだけで着実に価値が上昇する、最高の資産でした。ところが平成バブルの崩壊後は不動産の価値は「半値8掛け2割引き」といわれるまでに価値を下げ、誰も不動産に見向きもしなくなりました。「羹《あつもの》に懲《こ》りて膾《なます》を吹く」というやつです。ところが、外資系金融機関が世界的に見て割安になった日本の不動産を金融債権ごと安値で買い出すとあわててこれに追従、これがその後に生じたファンドバブルです。

ファンドバブルの次にやってきたのが、アベノミクスです。円安、株高、そして余ったお金は再び不動産へ。さてこのシナリオ、今回はどうなのでしょうか。

先ほども述べましたように、金融と密接につながりバーチャルな世界になったバーチャル不動産は、このアベノミクスの恩恵を最初に享受することができました。大手不動産会社の株価しかり、ＲＥＩＴの投資口価格の上昇しかりです。

では、リアル不動産はどうなのでしょうか。不動産は上がるといって、手当たりしだいに買いまくった平成バブルの再現を期待してもよいのでしょうか。

コモディティー不動産を買う愚《ぐ》

不動産をとりまく近未来の環境は「ヒト」「モノ」「カネ」が一律に増加することは期待できず、むしろこれらを効率的に集中的に集めたところが勝者になれることを述べました。

あたりまえのことではありますが、今までの方程式どおりに行動するところに成功はないと言ってよいでしょう。つまり、コモディティー化したリアル不動産を買ってはいけないのです。

コモディティー化したリアル不動産とはなんでしょうか。それは不動産としての特徴のない物件と、言い換えてもいいでしょう。

マンションでいえば、郊外の駅から徒歩で10分以上も歩かなくてはならない案件。バスに乗らなければいけないとなると、もはや論外かもしれません。周囲の環境に特徴のない物件。洒落《しゃれ》た商業施設もなく、若い人が住まなくなり、学校の生徒数が減り続ける町。これらの立地のマンションでは、たとえ新築でも、その不動産としての価値は今後ほとんど期待できないでしょう。

ひところ流行ったタワーマンションはどうでしょうか。タワーマンションが珍しかった頃はその圧倒的な眺望の良さや共用部の充実度などが特長となって、よく売れました。

しかし、あの忌《い》まわしい東日本大震災は湾岸エリアに建つマンションの弱点＝土地の液状化現象を現実のものにし、住まいの安全・安心に対する人々の意識を大幅に変えることとなりました。

その後もこのエリアに建つマンションの多くが防災を売り物に非常用発電装置の設置や防災倉庫での非常用品の確保、土地の液状化対策などさまざまな対策を施しましたが、今ではこうした備えはあたりまえです。むしろ眺望が売りのマンションも一度住んでしまえば、日々のあたりまえの景色になるせいか、ここに価値を置くお客は意外に少ない、とのことです。これもコモディティー化現象のひとつなのかもしれません。

一見豪華な共用部もこれを活用できる人もいれば、無用の長物としか感じられない人もいます。住民の年齢構成も時代とともに変わります。プールなどの水ものの施設などあろうものなら月々の管理費だけでも大変な金額になるのです。非常用電源装置だってこの設備の維持管理には膨大な費用が今後かかってくることを、まだ多くの住民は気づいていません。

コモディティー化という「あたりまえ化」が価値を下落させるのです。

先日あるマンションデベロッパーの担当者にうかがったところによれば、今どきのタワーマンションの最上階は、中国人をはじめとするアジア人富裕層が好んで買うそうです。彼らにとってはまだまだタワーマンションはスペシャリティな存在なのかもしれません。

オフィスビルで言えば、今や建て替えもままならない状況で普通のオフィスビルを所有していても、賃料は上がらない、空室も埋まらない、建物は老朽化する、こうした三重苦に悩むオーナーが増えています。コモディティー化した商品に現代のお客は高いお金を払うことはないのです。

普通のオフィスビルでも、たとえば駅前に立地しているビルがあります。実は駅前ビルは非常に安定した資産です。いつの時代でも駅前ビルにはテナント需要が常にあるからです。

私のお客で、この駅前ビルを好んで取得される方がいらっしゃいます。中古で築年数は古くても、とにかくJRの駅前がお好みです。1、2階は自らがFC（フランチャイズ・チェーン）となっているコーヒーショップやコンビニエンスストアが入居、上層階は英会話教室、塾、エステサロン、クリニック、なんでもござれです。これらのテナントは常に駅前に出店する強いニーズをもっているので、多少の入れ替えがあってもすぐに後継テナントが決定します。

そうした意味では、駅前ビルはコモディティーではなくスペシャリティな不動産といえるのです。

特長の明確なスペシャリティな不動産を選んで買う。これからの時代はますます、そういった知恵が試される時代とも言えます。そしてこうした物件群の中に「値上がりする不動産」は潜んでいるのです。

アベノミクスで株も上がり、景気の良い話が飛び交《か》い、世の中良いことずくめのように見えます。しかし、このなんだか得体の知れない明るいムードだけに流されてあわてて不動産に飛び付いてはいけません。新しい不動産の流れを的確に読んで、値上がりする不動産を吟味《ぎんみ》していきましょう。

3　新しい不動産の流れ

不動産の再編が始まった都心再開発

今、ＪＲ東京駅を降りて丸の内口を大手町方面に歩いていくと大型クレーンの林立が目につきます。大手町方面を北上していき、神田との境目である日本橋川にかかる鎌倉橋、神田橋付近までオフィスビルの建て替え工事が目白押しなのです。

一方、東京駅丸の内口の反対側、八重洲口を出て日本橋方面に歩みを進めると、こちらも負けじ劣らじとまるで大型クレーンの展示会の様相です。

丸の内の大家、三菱地所と日本橋の大旦那、三井不動産とがその覇《は》を競《きそ》うように東京駅を境に既存ビルの建て替えを進めているのです。また以前は大手不動産会社の間ではお互いのテリトリー（縄張り）は侵《おか》さないという無言の掟《おきて》のようなものがあったのですが、最近はそうでもないようです。

三井の拠点である日本橋の開発には堂々と住友不動産や森ビルが、三菱の根城である大手町や森ビルの故郷である六本木の開発には三井不動産が開発用地を仕込み、自社ブランドのビルを建築しています。

また、ＪＲ渋谷駅は、東急電鉄グループによる再開発が着々と進行中です。どちらかといえば商業の街というイメージが強かった渋谷も、２０１２年東急文化会館跡地に商業施設とオフィスのコンプレックスである渋谷ヒカリエが完成。必ずしも市況の芳《かんば》しくないオフィスマーケットの中、テナントについては、早い段階で比較的良い条件で全館満室となるなど話題をさらいました。

さらに渋谷駅上層部には、今後延べ床面積26万２０００㎡（約7万９０００坪）のオフィスビル、商業施設の建設が予定されており、これらの開発が終了する２０２７年には渋谷駅周辺の街の様相が激変することが予想されます。

新宿に目を転じれば、現在ＪＲ新宿駅南口ではＪＲ東日本による大規模な再開発が進行中です。線路の上に人工地盤をかぶせて商業施設やオフィスを建築してしまうというJRでなければできない開発で、エキナカならぬエキウエ開発として注目されています。

この開発によって、今までは東口は商業、西口はオフィスと明確に定義されていた新宿の街もその構成が大きく変動する可能性を秘めています。

このように大手不動産会社などが主導して街全体を変えていくような大仕掛けな開発が今、都心部のいたるところで進行中なのです。この仕掛けは街に「ヒト」「モノ」「カネ」を呼ぶ仕掛けと言い換えてもよいでしょう。

アベノミクスによる金融緩和でさらに潤沢な資金がこれら大手不動産会社に流れれば、彼らは周辺の土地をも巻き込んだ都心部再開発にますます傾注していくことが予想されます。このように不動産に対するニーズを新たに作り出していくことが、これからの不動産政策のキーファクターなのです。

昔のように、何もしなくても勝手に人が集まってくる時代ではありません。人口が増加せず、そして高齢化して足腰も弱っているから、なおさらかもしれません。

しかし、2012年に竣工した渋谷ヒカリエは新しい商業施設として連日多くのお客が押し寄せ、大変な話題を呼びましたし、同年10月にオープンした東京駅丸の内新駅舎のお披露目と夜間のライトアップにはあまりに大勢の見物客が押し寄せたために、イベントを中止する騒ぎにもなりました。

また、駅舎内にオープンした東京ステーションホテルには昔を懐かしむ高齢者のカップルの予約が引きも切らないなど、「仕掛け不動産」が新たな需要を喚起していく姿は、東京の中でも枚挙にいとまがありません。

大手を中心としたこうした都心部再開発の動きは結果として「ヒト」「モノ」「カネ」を一極に集中させ、そのエリアの不動産価値を高める効果が見込まれるのです。

不動産は上がらないのではなく、上がる仕掛けがあるのです。

「ブランド」化する住宅マーケット

では、住宅はどうなのでしょうか。首都圏では明らかに都心回帰現象が顕著になっています。以前は若い頃に購入したマンションを住み替えて郊外に一戸建ての憧れのマイホームを建てるという「住宅すごろく」のようなものが存在しました。

しかし、現在はそうして手に入れたマイホームを、子供の手が離れた時などを契機に手放して、都心のマンションに住み替える動きが主流となっています。こうした動きの受け皿になったのが湾岸地区のタワーマンションでした。晴海《はるみ》、東雲《しののめ》、豊洲《とよす》、お台場といったエリアに続々とタワーマンションが立ち並び、まるで香港と見まがうばかりのマンション群を形成しています。

しかし、この流れ、最近は微妙に変化しているようです。東日本大震災の発生で湾岸地区のマンションは敬遠される傾向が出ています。逆に比較的高額の都心優良住宅地の案件が人気です。東日本大震災直後の販売で売れ行きが懸念された御茶ノ水のワテラスタワーも順調に完売、三井不動産や三菱地所が販売する千代田区内の高額帯のマンションも人気です。

一方で一般向け物件でも、以前の湾岸エリアから新川崎や武蔵小杉といったマンション街に人気が集まっています。「新川崎」や「武蔵小杉」といえば以前は工場街のイメージが強かった街ですが、工場跡地の再開発、そして何よりも横須賀線という以前は貨物線だった路線の旅客化に合わせて利便性が向上することによって、今や新しいタワーマンションのブランドエリアと化しているのです。

また、麻布や広尾、青山といったブランド住宅地の地位は不動です。広尾には広尾ガーデンヒルズという、１９８３年に三井不動産、三菱地所、住友不動産、第一生命保険の４社で共同分譲したマンションがあります。

このマンションは多くの有名人が住まい、また多くの人が「いつの日か、広尾ガーデンヒルズに住みたい」というまでにブランドが確立された数少ないマンションです。

建物はさすがに築30年を迎え、老朽化が感じられるものの、どこかしら風格が漂《ただよ》い、「古さ」が逆に価値を物語るようにも見えます。このマンションの価値は、今でも分譲時の価格を下回ることはほとんどないことで、むしろ「指名買い」でどうしても買いたいというお客が今でも引きも切らないそうです。

この広尾ガーデンヒルズに代表されるような東京の中でもブランドエリアとなっている立地のマンションは景気やマンションマーケットの変動にも強く、中古価格も下がりにくいと言われています。いかにコモディティーではなくスペシャリティなエリアの物件であるかが不動産の価値を左右するのです。

人口が減少し高齢化が進む日本で、今や新しい住宅マーケットを創造するのは至難の業《わざ》。こうした中で、エリア全体に人を集められる仕掛け、あるいはすでにブランドとして確固たる地位を築いてしまっているエリアの住宅は、今後も値上がりする可能性を秘めているのです。

インバウンドマネーの動き

私がいつも出席している不動産仲介業者の月例会でのことです。メンバーの一人からこんな報告がありました。

「お台場の○○タワーの最上階の部屋、売りに出ました。広さは120坪、価格は8億円、検討するお客様がいたらご紹介ください」

このタワーマンション、築4年、お台場の中でもけっして良い立地ではないのですが、竣工当時は大型タワーマンションとして大変な話題を呼んだ案件です。当時の販売価格は6億円台だった記憶があります。最上階ですから眺望は抜群。それでも8億円とはいくらなんでも高すぎる。

そうは思っても一応は商売です。翌日、知人の業者に問い合わせると「興味あり」との答えでした。

そこで、件《くだん》の業者に電話で問い合わせたところ返ってきた言葉は、

「あ、あの物件もう売れちゃいました。すんません」

「えっ、もう売れちゃったの。今どきどんな人が買うの?」

「そりゃ中国人に決まってますがな」

アジア人富裕層は、今やマンション業者にとっては大切なお客様なのです。中国本土はもちろん、香港、台湾、韓国、最近ではベトナム、タイなど東南アジアの富裕層も日本の不動産の取得を検討し始めています。

彼らの購入目的はもちろん投資です。中には日本に息子さんや娘さんが留学していて、子供たちのために豪気に買い与える親もいるようですが、都内の高級マンション、とりわけタワーマンションのような眺望の良い、目立つ案件を買いたがる傾向にあるそうです。

インバウンドという表現は海外から日本にやってくる旅行客、観光客を指す言葉ですが、日本旅行のついでに投資用不動産を購入するツアーが今や花盛りです。

ひところまでは日本を訪れる中国人のお客はもっぱら秋葉原で電気がま、掃除機のような家電製品をしこたま買いこんでいく姿がニュースになったものです。ところがどんどん経済力をつけた彼らは今や日本に来たついでにマンションを買っていくという、すごい時代になっているのです。

彼らの投資対象はマンションだけでなく、オフィスビルからアパートまで利回りのある程度確保できるものであれば、なんでも貪欲《どんよく》に取得します。最近では大手の不動産仲介会社も日本の不動産の投資ツアーを企画。団体で各物件を案内して相当な仲介実績を上げているところもあります。

最近このビジネスを始めたという知り合いの業者に聞いたところによれば、特に中国人の場合は口コミでどんどん売れていくという傾向があるそうです。したがってまず一人、ターゲットとなるお客に徹底的に売り込む。そして、みんなの見ていないところで小声で、

「あなただけ特別にサービスするよ」

と言って、価格というよりも一番良い部屋に優先的に案内する。中国人は自分だけ特別に遇されることをとても喜ぶそうです。もしも買ってくれたらこのお客は次々に友人に宣伝してくれるので、あとは簡単に売れていくということです。

こうした彼らの行動の底流にあるものは、やはり本国だけで資産を持つことへの危機意識と言われています。いつなんどき政変などが起こって全財産を失うかもしれない。場合によっては亡命して外国に逃げなければならない。彼らはリスクヘッジ手段として、日本の不動産に着目しているのです。

リゾートにも広がるインバウンドマネー

日本の不動産を買う動きは、投資用不動産だけとは限らないようです。最近では日本のリゾート地に別荘やリゾートマンションを買う動きも、急速に広がっています。このカテゴリーになりますと、投資用ではなく、完全に「遊び」用となってきます。以前のように日本に来て成田空港から東京ディズニーランド、お台場、秋葉原で買物、河口湖で富士山を見て、京都、大阪のUSJで遊んで関西空港から帰るといった弾丸ツアーをしていた頃とは異なり、不動産を所有してゆっくり滞在しようという新たな動きです。

アジア人富裕層の特徴は、雄大な景色、景観を好むことだと言われています。つまり、海、山、自然などの織《お》りなす雄大な風景を彼らは好むのです。私たち日本人から見ると外国人観光客といえばすぐに京都や奈良に連れていくことを思い浮かべてしまいがちですが、彼ら、特に中国人には京都や奈良の寺社仏閣はしょせんは中国からの流れものではないかと考える人が多いそうで、あまり興味の対象にはならないそうです。

それよりも海、山なのです。中国にも海や山はいくらでもありそうなものだと思うかもしれませんが、中国の大都市の多くは内陸部、しかも黄河と揚子江の流れる広大な平野に国が展開しているせいか、海や山を堪能できるところに住んでいる人は意外にも少ないのです。

彼らのお好みの日本のリゾート地は河口湖、軽井沢、箱根、熱海です。河口湖は、言わずと知れた雄大な富士山を望むロケーション。軽井沢は、高原リゾートとして特に香港人に人気があります。箱根や熱海は、富士山はあまり見えないものの、温泉が楽しめるのがポイントのようです。

北海道も人気の観光地です。中国のドラマのロケ地になったこともきっかけになったのでしょうか。手軽にスキーも楽しめるということで、最近ではニセコ近辺ではオーストラリア人、中国人のスキー客でにぎわっています。また夏や秋の広大な風景も彼らのハートを鷲掴《わしづか》みにしています。こうした中、今やニセコの別荘の多くが中国人やオーストラリア人に所有されているのが実態です。

最近ではこうした人気を背景に中国や台湾の投資家や事業家が、これらのリゾート地のへたれた旅館やホテル、企業の保養所などを安く買い上げる動きも本格化しています。

彼らは買収した施設を中国人好みの内装に改装やら増築をして本国から大量に送客することをビジネスとしています。

日本人がもうあまり顧《かえり》みなくなってしまった日本国内のリゾート地も、彼らにとっては魅力に溢《あふ》れるリゾートなのです。

日本人の目、頭だけで考えていても正解には達しない。これをアジアという領域で俯瞰《ふかん》すれば日本の不動産の中にも活用ができる、値上がりする不動産はまだまだ隠されているのです。

4　バーチャル不動産は、リアル不動産を牽引できるか

さて、これまで見てきたように、リアル不動産が今後値上がりするかの判断には、値上がりするための「ヒト」「モノ」「カネ」の３要素をあわせた仕掛けや、今までとは異なる新しい視点、つまりブランドや外国人といった要素を加えて判断していかなければならないことがわかってきました。

では、リアル不動産に先んじて動くバーチャル不動産は、本当にリアル不動産を牽《けん》引《いん》していくことができるのでしょうか。それとも単なるマネーゲームで、リアル不動産とはしょせんは別物なのでしょうか。

日銀施策の効果と限界

今まで何度かあった政権交代の中で、今回ほど日銀がその主役的存在として意識されたことはありませんでした。事実、現政権下の日銀は次々と新しい施策を出し続けることで、為替、株式、そして不動産のマーケットに明るい兆《きざ》しを与えることに成功してきたように見えます。

しかし一方で、この一連の施策はもろ刃の剣でもあります。実需を伴った成長戦略が描けない限りにおいては、しょせん平成バブルの二の舞、との声も聞こえてきます。

また金融の緩和といっても、これまで述べてきたように、平成初期と現代の日本の置かれている状況には大きな差異があります。平成バブルの二の舞どころかもっと短期間に激しく下降曲線を描くことも十分に考えられるのです。

不動産業を営む私の知人は、こんな予言をしています。

「今回の金融緩和による不動産の値上がりは最後の逃げ場。リーマン・ショックで傷ついた不動産をこの機会に売却するチャンス。これから始まる国債の暴落、長期金利の上昇でもはや日本の不動産なんか上がらない。福島の原発問題だって根本的には何も解決してはいない。関東にある居住用資産なんて全部売って、関西かアジアに資産を移したほうがよい。日本は優良国だなんて思っているのは日本人だけになるよ」

いつも発言が過激で楽しいこの知人の言ですが、実は同様の発言を私は複数の人たちから聞かされました。

こうした恐怖話はともかく、バーチャルな世界が夢を描く今の日本に、果たして明るい未来はあるのでしょうか。バーチャルであっても実需に結び付く、いくつかの方策を考えてみることにしましょう。

バーチャル不動産に流入したカネを、リアルにどう生かすのか

バーチャル不動産がいくら値上がりを続けたところで、リアル不動産がついてこなければやがては化けの皮が剝《は》がれ、バーチャル不動産は急落する。このことは、今まで説明してきました。

この流入してきたお金をいかに有効にリアル不動産に結び付けていくかが、この流れを本物にするカギです。

私は、このお金の行方を、今までのようなオフィスビルやマンションといった従来型のリアル不動産投資に向けていても、あまり明るい未来は描けないものと考えています。もちろん、まだまだ日本には欧米に匹敵するようなSクラスといわれる優良なビルが少ないだとか、大型の再開発による新しい街づくりの観点が必要であることを否定はしません。

しかし、これまで見てきたように今後大きな実需を創出するにはあまりにファンダメンタルズが脆弱《ぜいじゃく》な今後の日本にあっては、「ヒト」「モノ」「カネ」をこれら従来型の施設に集めたところでその効果は限定的だと言わざるをえません。

むしろこうした資金をこれからの日本に最も必要な医療や福祉あるいは教育、省エネルギー、環境などの分野に振り向けていくことだと思います。なかなかこの分野は肉食系の投資家さんのお好みではなさそうで、そもそも投資と福祉が両立するなどありえないという考えも頭をもたげてきます。

オフィスやマンションについては国内では実需はもう十分に満たされています。この分野における今後の成長は、一部の大手不動産会社などに任せておけばそれ以上のニーズは発生しないでしょう。しかし、医療や福祉、教育の分野にこれから確実に到来する超高齢化社会に対して資金が流入することはこれらの産業を育て、優秀な人材を育てることにもつながるはずです。

社会的に意義のある事業へこうしたお金が潤沢に流れるような社会になれば、日本はけっして世界から取り残される国ではなく、むしろこれから日本の後を追って急速に高齢化が進む中国や韓国の道標となれるかもしれません。

バーチャル不動産に流れるマネーが、国家の将来にとってより必要なこれらの施設の投資や運用に健全に流れ、不動産価値を高めていく役割を果たすことができるならば、バーチャル不動産はリアル不動産を支えることにもつながることでしょう。

個人金融資産を移転する

しかし、その一方で収益性の覚束《おぼつか》ない医療や福祉、あるいは環境ビジネスではとても投資家のお金がつかないという問題は依然として残ります。

こうした分野では私はやはり個人の金融資産の移転を考えることも必要かと思っています。たとえば医療や福祉などに限定された、明確な目的をもった投資ファンドの組成です。東日本大震災の時、被災地を助けるために多くのお金が集まりましたが、人々が疑問に思ったのは、自分たちが喜んで出した寄付金の行方がいつまでたっても明確にされず、金庫に眠ったまま、あるいは別の資金に流用されてしまったことです。

社会的に意義のあるお金なら人々は大きな配当がなくとも喜んでお金を醸出《きょしゅつ》することも今回の震災で明らかになったことです。極論すれば配当は地元でとれた魚や野菜でもよい、自分たちの醸出したお金が社会のために有効に使われるのなら喜んで出資する人たちも大勢存在するのです。

バーチャルであっても、明確な目的意識をもった、よりリアルな対象への投資といったものでしょうか。これらのお金が新しい日本の構築のために使われるのであれば、確実にリアル不動産の成長に結び付いていくものと確信しています。

第4章　リアル不動産で損をしないためのヒント

1 「ヒト」「モノ」「カネ」が集まる立地・ブランドとは

なんてたって鉄道。副都心線、東横線の革命

東急東横線といえば、渋谷と横浜をつなぐ関東地方の老舗《しにせ》電車です。関西でいえば阪急電車に近い雰囲気でしょうか。電車の乗客もどこかハイセンスで上品な紳士淑女の電車というのが、東京人の一般的な印象でした。

この東横線が、２０１３年3月16日、東京メトロ副都心線との相互乗り入れを開始しました。以前も東横線は、東京メトロ日比谷線と相互直通運転を行なっていたので、中目黒駅から日比谷線を経由して銀座、北千住方面にはアクセスが可能だったのですが、今回の乗り入れは、東京の大ターミナル駅、新宿、池袋を貫《つらぬ》いて行く、とてつもないものでした。

東京メトロ副都心線は、渋谷から池袋を経《へ》て、有楽町線の複々線として並走、小竹《こたけ》向原《むかいはら》（練馬区）までの新線として計画されたものです。さらに小竹向原駅からは有

楽町線の線路、駅舎を利用して埼玉県和光《わこう》市の和光市駅までをつなげる、東京で最も新しい地下鉄であるのと同時に、現在のところ今後の新線計画がないことから東京メトロでの最後の地下鉄とも呼ばれているものです。

この新線のインパクトを実感したいのならば、東横線横浜駅でやってくる電車を待ってみるとよいでしょう。横浜から渋谷方面に向かう本来の目的で電車の到着を待っていると、多くの人はホームに滑り込んでくる電車の行き先に戸惑《とまど》うのではないかと思います。

たとえば「小手指」行き。これは首都圏にお住まいの方でも正確に読める方は少数でしょう。小手指は「こてさし」と呼び、西武池袋線の所沢《ところざわ》からさらに先の埼玉県内の駅名です。これを神奈川県の横浜在住の方が渋谷方面に行こうとした時に、この行き先を見て本当に渋谷に行けるのか、戸惑うことは想像に難《かた》くありません。

東横線横浜駅の時刻表を調べてみると、東京方面に向かう電車の行き先はなんと18種類にも及びます。

「菊名」「日吉」「元住吉」「武蔵小杉」「自由が丘」「渋谷」は従来路線の駅名ですか

らよいものの、「新宿三丁目」「所沢」「小手指」「森林公園」「清瀬」「石神井公園」「川越市」「飯能」「保谷《ほうや》」「和光市」「志木」の正確な場所と線名がわかる人は、埼玉県在住の方以外ではあまりいないのではないでしょうか。そんな行き先の電車が次々とホームに到着するのですから、ちょっとあわててしまいます。

さてこの大路線。横浜元町・中華街の横浜高速鉄道「みなとみらい線」を起点に東横線、東京メトロ副都心線を経て西武池袋線、東武東上線で埼玉県西部地域までを一本の線路でつなぐことになるのです。不動産に対するインパクトはどんなものがあるのでしょうか。

もっとも懸念されるのが、渋谷の地盤沈下です。以前ＪＲ埼京線の開通によって埼玉方面の乗客が池袋を通過して直接新宿、渋谷方面にアクセスできるようになったため、池袋の存在価値の低下が話題になりました。今回は皮肉なことに本来の東横線の終着点であった渋谷の地盤沈下、つまり、神奈川方面のお客が渋谷を通過して直接新宿、池袋方面にもアクセスができてしまうことによって渋谷を通過してしまうのではないかという懸念が指摘されています。

実際に、新宿三丁目にある伊勢丹新宿本店の来店客数は相互乗り入れが開始された2013年3月、前年比20％の増加、売上も16・3％の増加と驚異的な伸びを記録しました。この新線の効果が早くも数字として実証されたものと考えられます。

この流れに対しては、渋谷に本拠を置く東急電鉄をはじめとする事業各社は、2005年12月に都市再生緊急整備地域指定や「渋谷駅中心地区まちづくり指針2010（平成23年3月渋谷区策定）」などの街づくりの方針を受けたことに基づき、渋谷駅街区土地区画整理事業および鉄道改良事業と連携した抜本的な再開発について、計画を進めています。

この計画によると、渋谷駅周辺を「駅街区」「南街区」「道玄坂街区」の3つに分け、特に駅街区では東横線の地下化を受けて、地上46階、高さ230メートルの超高層ビルの建設や商業施設を建設することでアジアのヘッドクォーターの役割を担《にな》う街づくりを宣言しています。

これらの動きの背景にあるものとして、東京の西南部地域に住む、あるいは働く、人の流れが大きく変動することが今後予想されます。特に神奈川方面からの人の流れが、どこに集結していくのか、東横線の住宅事情にも大きな影響をもたらす可能性があります。

日本の大都市圏の場合、通勤通学の足はあくまでも電車です。電車の線路がどのように変わるのかが、不動産価値の変化に大きな関わりを持っているのです。

この「なんてったって鉄道」の象徴的な事例を、もう一つご紹介しましょう。

品川・田町開発の野望

２０１２年1月、新聞各紙で一斉に報じられたのが、東京の山手線に約40年ぶりに30番目の新駅が開設されるという記事でした。

現在の山手線の最も新しい駅は１９７１年に開設された「西日暮里駅」です。以降40年以上にわたって、山手線に新駅は開設されていません。この一見、唐突とも思われる発表の裏には何があるのでしょうか。

山手線で通勤されている方ですとおわかりですが、東京都心をぐるりと一周する東京の主要幹線の山手線で駅間の距離が最も長いのが、品川駅と田町駅の間です。車窓から眺めると、オフィスやマンション群は走行する車両からは遠く離れ、その間は延々と車両基地となっています。鉄道オタクの方には垂涎《すいぜん》の景色かもしれませんが、こんな都心のど真ん中になにも多くの鉄道車両を休ませておかなくとも、と思う方も多いかもしれません。

この車両基地の広さはなんと15ｈａにも及びます。これは東京ドームの約3・2個分にも及ぶ広大な面積です。別にＪＲもこの土地を遊ばせているわけではなく、実際に多くの車両がここに収容されているのに、なぜここに新駅を開設することが可能になるのでしょうか。

この背景には、今後の東京の交通体系を大幅に変革する計画が横たわっているのです。

ＪＲ東日本によると、２０１４年を目処《めど》に、現在は上野駅が終着駅となっている常磐線、高崎線、宇都宮線をいずれも東京駅まで延伸する計画です。これらの線が日本の鉄道の大動脈である東海道線とつながることで通勤通学の利便性を一気に向上させようというものです。東急東横線と東京メトロ副都心線、西武池袋線、東武東上線の直通運転を超える、劇的な交通導線の改革といえるものでしょう。

その結果、現在の田町車両基地にあった東海道線などの車両はすべて他の車両基地に移転され、15haの広大な敷地が遊休地として活用可能になるわけです。現在の予定では、都営浅草線の泉岳寺《せんがくじ》駅近くに2020年頃を目処に新駅が開設される予定です。

降ってわいたようなこの新駅構想と出現した新たな広大な土地。それではこの土地でいったい何が計画されているのでしょうか。

外国企業と外国人を集める

この新駅構想と車両基地跡の活用には、「ヒト」「モノ」「カネ」を集める仕組みと野望が凝縮されています。東京都はこの車両基地跡を含む品川周辺を「アジアヘッドクォーター特区」と名づけ、多くの外国企業の誘致と外国人の居住を促そうとしています。また、内閣官房では同地域を、「国際戦略総合特区」および「特定都市再生緊急整備地域」に指定し、都の方針と足並みを揃えています。

具体的にはこの地域に居を構える企業に対しては特例により法人税などを減免しようというものです。現在の日本では法人税は40％を超える税率となりますが、特区の適用や東京都の独自減税などを含めて約28・９％程度に減免しようとするものです。この水準はアジアの多くの国々の法人税率に近い水準となりますので、アジア系の企業を誘致する誘い水になるのではと期待されています。

また外国企業が国内で種々の許認可を得る際に生じる障害、つまり日本独自の規制や基準、日本語の壁、煩雑な許認可手続きについて、この地区に居を構える外国企業に対しては簡素化、あるいはサポート体制を整える仕組みも考案されており、こうした利便性の提供で国際競争力を強化していこうとの計画です。

このような動きの基本にあるのが、今の日本では国内需要だけでは集められる「ヒト」「モノ」「カネ」に限界があるために、新たにこれをアジアから招き入れよう、そのための受け皿を「特区」のような特別な地域に仕立てることによって実現しよう、というものです。

おそらく、この方針が実現されれば、新たに日本にやってくる外国人の居住や生活するための利便施設、教育のための学校など数多くの需要がこのエリアに生まれることになるでしょう。

ひょっとすると、現在の泉岳寺周辺の地価は10年後には大化けしているかもしれないのです。

大企業とともに動く

地方都市に行くと、いわゆる「企業城下町」と言われる都市が多数存在します。日立製作所の本拠地は茨城県日立市。この日立の街に降り立つと、街の商店がすべて日立製作所のカレンダーで動いていることがわかります。学校の門前にあるパン屋みたいなもので、企業が休日だと、周辺の飲み屋さんもすべてお休みするというわけです。

東京でも実は同じような事例があります。広告代理店の雄、電通は長らく東京都中央区の築地に本社を構えていました。私は築地の育ちでしたので、いつも夕方から夜になると旧本社ビルからたくさんの電通社員が夜の街に繰《く》り出す姿を見てきましたし、築地の商店街も電通社員で潤っているのを目《ま》の当たりにしてきました。

この電通ですが、2002年11月に港区東新橋のイタリア街といわれるJR貨物ヤード跡地のお洒落な再開発地区に新本社ビルを完成させ、築地や隣接する明石町《あかしちょう》、銀座などに散らばっていたオフィスをすべて集結することとなりました。

この新本社ビル、フランスの建築家ジャン・ヌーヴェルの設計で、浜離宮恩賜庭園に面した南側を曲面にしたブーメラン状の斬新なデザインで話題を呼びましたが、新本社ビルのインパクトはデザインだけではありませんでした。

本社ビルで働く約6000人の社員がこの新本社ビルに移転した数カ月後、私が以前から馴染《なじ》みの居酒屋に立ち寄ってみると大きな異変が起こっていたのです。

いつも電通社員で賑わい、地元民である私たちがたまに訪れてもお店に入れないことが多かったのがウソのようなガラ空《す》きです。

「あれ？　大将、どうしちゃったの？　まるでお通夜みたいに静かでさ」

「いやー、まいっちゃったよ。電通さんみんないなくなっちまってよ。これじゃ商売あがったりだ」

こんな会話が交《か》わされたように、築地という街から電通が居を移したことが、街の経済に与えた影響は甚大だったのです。というのも、電通のような大きな企業が居を移すと、それに呼応するかのように、関連会社、下請け会社、孫請け会社が全員、右へならえでお殿様のおひざ元に引っ越してしまうからなのです。

築地界隈《かいわい》のオフィスは閑古鳥《かんこどり》が啼《な》く始末。テナント募集の看板が街に溢れ、悲惨な状態に陥りました。賃料も暴落。飲食店でも閉店する店が相次ぐなど、一時は今後の築地はどうなってしまうのか危《あや》ぶまれました。

その後徐々に別のテナントが入居するようになり、景気はやや戻したようですが、件《くだん》の店主がぼやいていました。

「やっぱりよ、大きな会社さんがいねえとよ、街はだめだな。活気がなくなっちゃってさ」

最近では、中野の警察学校の跡地に、キリンホールディングスが新本社を構えました。以前は原宿や新川《しんかわ》に分散していたオフィス機能を統合したものです。子会社化したワインで有名なメルシャンも京橋から移転してきました。周りの飲み屋さんの悲鳴が聞こえてきそうです。

また、この地には帝京平成大学や明治大学の新キャンパスもオープンし、町はぐっと若々しい雰囲気に様変わりしました。

さてこうした事象を不動産の観点から見れば、どういったことが考えられるのでしょうか。私は2つのポイントがあると思っています。

一つは移転先である中野周辺の不動産価値です。以前は新宿のオフィス街のバックヤード的な存在でしかなかった中小オフィスビルは、キリン関連の関係会社や取引先の需要を存分に狙《ねら》えるでしょう。またキリン関連の社員の社宅、地方から上京してきた学生のための賃貸住宅などの需要も期待できます。

恩恵にあずかれるのは何も飲み屋さんだけではありません。周辺の地価が上がってくることも期待できます。中野近辺で不動産を所有している人にとっては、今こそ売るチャンスかもしれませんし、運用して収益を伸ばすチャンスでもあるのです。

もう一つの側面は去って行かれた新川や原宿の不動産です。当然のことですが、オフィスには空室ができる。あるいは関連する商業施設や住宅などは一時的に価格が落ちるかもしれません。

しかし、見方を変えれば、どちらも東京都心部。やがて別のテナントが入居するようになれば、ふたたび人が集まり街の活気が戻るかもしれません。原宿などはもともと商業の街としては力をもった街です。一時的に下がったところを安く買う、あるいは安く借りるといった行動ができるわけです。

このように大企業の動向とそれに伴う不動産価値の変遷は、「ヒト」「モノ」「カネ」で決まる不動産価値の重要なポイントと言えるのです。

東京のオフィス立地は、JR駅徒歩圏

リアル不動産は立地とブランドがすべて、と言いました。この法則自体は昔から変わらないのですが、オフィスマーケットに最近はちょっとした変化が起こっています。

東京港区の虎ノ門、西新橋エリアといえば、霞が関の官庁街をバックに控え、大中小のさまざまなオフィスが居を構え、オフィスとしては丸の内や大手町に次ぐ賃料が

期待できるブランドエリアのひとつでした。

ところが、最近このエリアの空室率や平均賃料の状況が芳《かんば》しくありません。ある若いテナント仲介業者の方にその理由を聞くと、

「あのエリアはね。地下鉄一本でしょ。利便性がねえ。神谷町《かみやちょう》も同じですよ。とにかくアクセスがイマイチでしょ」と、わかったような答えが返ってきます。

私のように長らく不動産関連の仕事をしてきた者から見れば、虎ノ門や西新橋にオフィスを構えることは一種のステータスでした。それが、この若い担当者が言うような「ワンランク下」の発言にはしっくりきません。

そこでこのエリアのテナントの内容を調べてわかってきたことが、世の中、社会の変化でした。虎ノ門といえば、官庁街に隣接し、昔から政府関連の特殊法人や関連団体、法律事務所や司法書士事務所などが軒を連ねているエリアでしたが、現在は政府関連の法人の数が政府予算の削減や世間の圧力からなのか減っています。また企業コンプライアンスの進展の影響でしょうか、官庁街近くにオフィスを持ち、常に陳情にうかがうような地方公共団体の出先や地方の会社も少なくなっているようです。

一方で一般の企業から見れば、確かにこの若い担当者が言うように地下鉄一本のみのアクセスは、けっしてビジネスを行なううえで快適な環境とは言い難いものがあります。加えて、このエリアは、昔からのオフィスゾーンであったために、築年数の経過した古いビルが多数を占め、耐震性や使い勝手に問題が多いことから、拠点としては敬遠されるようになったのでした。

ちなみに神谷町の衰退は外資系企業の縮小を物語っています。外国人がなぜ、神谷町をビジネス拠点に選んだのかは、おそらく、自分たちが住む広尾や麻布から近いという意味あいだけでしょう。彼らの評価する近さは「電車」ではなく、車です。日本人従業員が電車でくる利便性など別に考慮はしてくれないのです。その外資系の企業にとっても、もともとのお気に入りの六本木に新たなオフィスが十分に供給されれば、神谷町に足を向けることはないのです。

今のオフィスマーケットの傾向としては、JR駅徒歩圏が人気のようです。山手線沿線でいえば新宿を起点に渋谷、恵比寿、大崎、品川から東京までのいわゆる山手線西南エリアは特に人気の高いエリアです。やはりJRは何と言っても地の利があります。どこに行くにも便利であるのでしょう。また、ＪＲも最近ではエキナカあるいはエキウエで多彩な商業施設や保育所などの業務支援施設を設《しつら》えるなど、ただ乗客を運送するだけでない、サービスする観点を取り入れるようになってきたことも、人気の秘訣であるようです。

都心居住が顕著になる中、不動産価値も東京都心のＪＲを中心とした駅近に人気が集まる。不動産価値も世の中の変遷をしっかりと追いかけているのです。

「地位《じぐらい》」の意味

「地位《じぐらい》」という言葉をご存じでしょうか。おそらく不動産業界の業界用語かもしれませんが、われわれ業界関係者ではよく口にする言葉です。

「この前紹介したあの土地どうですかね」

「うん、悪くないんじゃないかな。なんといっても地位は高いところだからね。もうちょっと高くても買うお客さんいるんじゃないかな」

だいたいこんな会話の中で出てくる表現です。

読んで字のごとし。地位とは土地の位、つまりその土地の持っている格のようなものを意味しています。

不動産には長い歴史があります。たとえば江戸の古地図を見ると、江戸時代は現在の日比谷のあたりが海岸線でした。したがって、日比谷から先はもともと海、埋め立てられて出来上がった土地なのです。

私が社会人としての第一歩を踏み出した第一勧業銀行（現みずほ銀行）の本店があった内幸町《うちさいわいちょう》近辺は、今でも少しずつ地盤が沈下していると言われています。当時は、旧日本勧業銀行本店があった頃よりも階段が一段分少なくなったとも言われていました。

虎ノ門と赤坂見附の間に「溜池山王《ためいけさんのう》」と呼ばれる駅があります。この周辺の土地は、昔から洪水に悩まされてきた土地です。私が三井不動産でビルの買収をしていた当時、この土地に建つある大型ビルの入札がありました。

久しぶりに出てきた都心の大型物件に私たちは色めきたったのですが、これを上司に報告すると、返ってきたのは意外な答えでした。

「牧野、ありゃ、やめとけ。無理だ」

「なんでですか。超優良物件じゃないですか」

「超優良だって？　ははは。おまえ、もっとよく調べてからものを言うもんだよ」

すると横で聞いていた古参の先輩社員のおじさんが私にそっと囁《ささや》いてくれました。

「牧野君、土地だよ。土地。地盤調べてごらん」

　上司の言ったとおり、その物件の所在地は江戸の古地図では地名のとおり大きな池のあったところ。しかも地盤が悪いために大きな建物を建築するには相当数の杭を地中深くまで打ち込まないと安定が保てないのでした。現に今建っている古ビルも室内は柱だらけ。いくら昔の建築とはいえ、ちょっと異常なくらいの柱の本数です。杭打ちにかかるコストも膨大なものであることがわかり、私たちは入札を断念しました。

東京都心だからといってなめてかかってはいけません。

　不動産業界ではこのように、よく古地図も使って土地にまつわる過去の履歴を調べます。

　人間の長い歴史の中で、さまざまな天災、人災があり、その過程で人々は自らが住む場所を決定してきました。裕福で慎重な人ほど、より安全性の高い安心できる土地を選んで住んできた歴史があるのです。

ただ流行りの場所だからといってそこが本当に住み心地のよい、地位《じぐらい》の高い土地とは限らないのです。ましてや地価が短期的に上昇した土地だからといって「お買い得」であるかも、実は怪しいものなのです。

よく初めての土地を買う時には地元民に聞け、と言います。不動産に歴史あり。地位の意味を噛みしめたいものです。

ブランドにこだわる

新しく住宅を買い求めようとされるお客からよくいただく質問に、

「どの場所を買えばよいですか」

というものがあります。その土地に地縁のある方でしたら、「ご縁」で買うことをお勧めします。ところがまったく地縁も何もないという方には、予算の制約はあるとはいえ、とりあえず、

「ブランドでお買いなさい」

ということにしています。なぜ、ブランドなのか、もうおわかりかと思います。新しく登場した薄っぺらなブランドは別ですが、ブランドにはやはり歴史が積み上げてきた価値があります。

コーチという、バッグで有名なブランドがあります。価格は小さなものでも数万円とかなり高いものですが、日本でもずいぶんと人気があります。かばんなんてどれでも同じという人もいますが、こうしたブランド物は長く使っているとその違いが際立ってきます。何といっても壊れない。持ち手も丈夫ですし、皮革のツヤも色褪《あ》せが少ない。手触りといい、持ちやすさといい、バッグの本質を捉えた品質の良さは、やはり折り紙つきです。

住宅地にもブランドがあります。東京の代表的な住宅地といえば松濤《しょうとう》、広尾、麻布、青山などだいたい昔から決まっているものです。ブランド物の良さは価値が一定以上には下落しないことです。景気などの動向によって表面的な価格が上下するのはいつの世の中でも同じですが、ブランドの持つ根源的な価値というものは不変です。

もちろん、このブランド価値はそのときどきの運用利回りなどの数値的な評価に必ずしもなじむものではありませんが、中長期的に「資産」として持つには最適なものです。

ましてや、かつてのような一方的な右肩上がりの成長を望めないこの国で確実な資産として所有するには、やはり「ブランド信仰」はもっとも安全性の高い考え方と言ってよいと思います。

不動産の価値は、歴史的に培《つちか》われた価値です。それが古くからのブランドとして現代に受け継がれています。信頼するに足る価値観に支えられたものなのです。

2 資産アロケーションの考え方

「持っている」とやばい不動産

これからの日本において、リアル不動産を所有・運用していくには今まで以上に立地やブランドにこだわる必要があることを述べました。

このことは一方で「そうではない不動産」、つまり価値を生み出さないどころか今後所有・運用をしていると困る不動産、厄介な不動産が存在することに、気づく必要があります。

多くの方にとって一番身近な問題が、地方や郊外にある、親が所有している不動産かもしれません。昔は不動産は打ち出の小槌《こづち》。担保力もあり、親が亡くなって相続を受ければそれなりの資産形成につながったものでした。

ところが現在ではまず相続税が「ひとごと」ではなくなっています。平成25年度（２０１３年度）税制改正要綱が発表となりましたが、相続税について大きな改正がありました。

変更点は２つです。基礎控除の縮小と税率のアップです。このうち税率のアップは主に高額な相続財産に関わる最高税率のアップですので、影響が及ぶのは一部の方々となりますが、問題は基礎控除額の縮小です。

現行制度では相続が発生した場合、基礎控除額の計算は、

基礎控除額＝５０００万円＋１０００万円×法定相続人の数

でした。それが今回の改正では、

基礎控除額＝３０００万円＋６００万円×法定相続人の数

という計算になります。適用は平成27年（２０１５年）１月１日以降に発生する相続からです。ひとことで言って、控除額が６割に縮小したということです。

この変更でたとえば遺産が１億２０００万円になるような比較的裕福な家で法定相続人が子２人の場合、従来は１億２０００万円から基礎控除額７０００万円を差し引いた５０００万円分が相続額になり、法定相続人１名分の税額は、法定相続分２分の１の２５００万円に関わる税率15％で計算されたので、

２５００万円×15％－50万円（控除額）＝３２５万円

で済んでいたものが、控除額は４２００万円に縮小。７８００万円の法定相続分３９００万円に関わる税率となるので、税率も１段階アップしてしまう結果、

３９００万円×20％－２００万円（控除額）＝５８０万円

なんと２５０万円以上の税額アップになってしまうのです。このレベルになると税額をポンと払える人も少なくなってきます。

では不動産を売却するかとなるわけですが、地方や郊外の一戸建てともなると今はなかなか買い手がつきません。これが、厄介な不動産、持っているとやばい不動産となってくるのです。

実は今回の改正で新たに相続税がかかるようになる対象者の割合は現在の４％から６％と２％ほどの上昇だと言われていますが、この２％、かなりの多数となります。つまり大都市圏の郊外一戸建てを所有している人のかなりの割合に相続税が実際に課

税されることになるほどのインパクトです。

売るに売れない、貸すに貸せないような郊外の一戸建てを持っていたがゆえに、多額の相続税の負担を余儀なくされる。相続の場合の路線価評価についても今後論議を呼ぶことになるでしょうが、税金は世の中の流れや動きに対して丁寧に反応してくれたりはしないもの、と考えたほうがよさそうです。

滞留し続ける、やばい不動産

では仮に、めでたく相続税も納めることができた、あるいは税金はかからずに済んで無事相続できたと仮定しましょう。それで問題は解決したのでしょうか。

残されたやばい不動産は、その後も厄介な存在であり続ける可能性があります。不動産は消すことができません。建物は解体してしまえばなくなってしまいますが、土地の存在は永遠です。永遠に存在するということが、実は土地の持つ根源的な価値とも言えるのですが、これが「やばい不動産」の場合は、逆に永遠に毒を撒《ま》き散らす可能性すらあるのです。

地方で親が住んでいた家。子供の頃を過ごし、懐かしさもある不動産です。でも主がいなくなったあと、家は傷《いた》む一方です。多くの方が、地方にあった親の家の処分に今、頭を悩ませています。まずは長年にわたって積み上げられた膨大な家財道具。中には価値のある家具や道具類もあるのでしょうが、少子化が進み、今や誰も地元には縁者がいないような家では処分にも困ってしまいます。

空いたままの家では治安上もよくありません。庭の雑草は伸び放題。しまいには近所から苦情が来るようになります。ならば、せめて解体して更地《さらち》にしようかということになり、業者に見積りを取ります。これがまた結構な金額を請求されます。

おまけに建物を解体して更地にしておくと、建物が存在した時に比べて固定資産税が高くなるという困った現象が起こってきます。今までは住宅用ということで、税額の減免が適用されていたものが、その適用が受けられなくなることが原因です。

地方と行き来する交通費だってばかになりません。売るに売れない、貸すに貸せない不動産。維持管理にかかる費用、逃れようのない税金、まったく厄介な存在になり果ててしまうのです。

こうした事態に陥る可能性のある不動産は、今後地方だけの問題ではなく、大都市圏の郊外でも確実に起こってくる現象です。

以前はマイホームの夢というものがありました。地方から都会に出てきて就職。会社の独身寮から結婚して社員寮へ。コツコツ貯めたお金で団地へ。さらにマンションへ。偉くなったら憧れの郊外一戸建てマイホーム。この夢をずっと追い求めたのが日本のサラリーマンたちでした。

ところが、今やせっかく多額のローンを組んで取得したこの郊外一戸建てですが、一人息子や娘は都心のマンション住まいです。

「そんなものいらない。なんとかしてよ」

と素っ気ない。30年前に購入した時は周辺も同じような世代の人たちで子供も同世代。一生懸命都心まで満員電車に揺られながらも勤めあげてきたのが、この仕打ちです。考えてみれば郊外の不便さは30年たっても変わりません。それどころか自分も含めた周囲の家も全員が同時に高齢化しています。今までは車があってどこへでも行けばよかったものが、運転すら覚束なくなっては住みようがない。このような不動産に自分たちは多額のローンを払い続けてきたのです。この不動産の価値とは一体何なのでしょう。こんな状況の住宅が、今や大都市圏でも溢れているのです。

不動産神話がもはやなくなっていることは、多くの人が気づいています。しかし、今後起こるであろう「やばい不動産」の問題を認識している人は、まだ少数です。そしてこの事態は今後深刻化することはあっても改善される可能性はきわめて小さいというのも、また厄介なことなのです。

まだ、日本の人口は減少をはじめたばかりです。それでも今、目の前にある危機に、今のうちから手を打っておく必要がどうやらありそうなのです。

中長期にわたって価値を維持できる不動産の見分け方

立地やブランドが不動産価値を決める要素であることがわかっていても、そういったわかりやすい物件ばかりではありません。中には現状は「売れない」「貸せない」物件でも、扱いの仕方によって本来の不動産価値を引き出せる物件も存在します。

多くの方が勘違いするのが、不動産を建物価値で考えてしまうことです。現実に土地の上に存する建物が収益を生んでいることが多いのが不動産です。オフィスであればテナントからの賃料、住宅であれば借家人からの賃料というように、実際に収益を稼ぎ出しているのが建物であることから、生まれてくる錯覚です。

そこで建物が古い、あるいは修繕が困難などの理由でその不動産の持っている価値を見誤ってしまうのです。

もっとも多いケースが現在の建物用途、建物の使われ方を前提に物事を考えてしまうことです。たとえば、父親の代からオフィスビルがある。今ではだいぶ老朽化して空室も目立ち始めた。賃料も他のビルとの競争に負けて下がりっぱなし。建て替えるには資金がない、といったケースです。

建て替えられないからといって無理やり中途半端なリニューアルを繰り返しても、テナントの反応はイマイチです。資金だけが流出していく中、また大規模な修繕必要箇所が発生します。こんな悩みを抱えるビルオーナーが多くいらっしゃいます。

でも建物から目を離して、今、不動産が存在する土地をもういちど見つめなおしてみることです。オフィスマーケットが活況だった父親の代では十分にテナントニーズを吸収できた不動産も、現在ではオフィス需要は萎《しぼ》んでしまい、周りは単身者向けマンションばかりになっていたりしないでしょうか。

一生懸命逃げていくオフィステナントを追っかけるよりも、いっそのこと単身者用のマンションに建て替えたほうが、オフィスに建て替えるよりもはるかに採算が良い場合も最近は多く見られます。

周辺に新しい観光スポットがオープンしたり、あるいは大企業の本社が来て、観光客やビジネス客の宿泊需要が見込め、ビジネスホテルを建てれば手を挙げるホテルオペレーターが、あまたいるようなケースもあります。

これらの事例はいずれも、今建っている建物の価値とは異なるものです。肝心なのは、建物が建っている地面＝土地の価値なのです。

建物はやがては朽ち果てる存在です。だから会計上も減価償却といって年々その価値が減じていく仕組みになっています。一方で土地は減価償却されません。その時々の時価によって会計上、特別損失を計上させるようなルールも最近ではありますが、中長期的に考えるならば土地は本来的には時価会計にはなじまないものです。

建物はその時々の不動産価値を表象しているにすぎない仮の姿。不動産の持っている本来の価値は土地そのものなのです。永遠の存在である土地は永遠にその価値を生み出し続けてくれる存在です。

ですから建物がその時代に合わなくなったと思えば、その時代に適合した用途が何であるかを真剣に検討することです。意外とそこには最有効利用の方法が眠っていたりするものです。それを見逃してしまうと、その利に気づいた別の人の手に渡り、その土地はもう二度とあなたに振り向いてはくれなくなってしまうのです。

不動産を中長期の視点で捉えることこそがリアル不動産との付き合い方です。一時の不調や失敗で不動産を放棄するのではなく、根源的な価値をさまざまな角度から検証してみることをお勧めします。

資産アロケーションのすすめ

以前、不動産はたくさん所有している人ほどお金持ち、という法則がなりたっていました。私は大学を卒業して入社した銀行を、ひょんなことからわずか3年半で退職してアメリカのボストンコンサルティンググループというコンサルティングファームに職を得ました。

その時の最初の仕事が、ある外資系銀行が日本で初めて展開するプライベートバンキングというビジネスモデルの、日本での立ち上げ業務でした。

時代は1980年代の後半。円高不況から脱した日本がやがてバブルの高みへと駆け上がっていく時でした。入社まもなく、右も左もわからない私に命じられた課題とは、

「ところで、日本で金持ちって誰だ？」

という誠に素朴で、それでいて考えたこともない難しい問題でした。

アメリカではこの答えは実に明快です。アントルプルナー＝起業家です。スティーブ・ジョブズしかり、ビル・ゲイツしかり、アメリカは成功者の多くが起業家で、しかも億万の富を稼ぎ出します。

ところが当時の日本は、どう頭をひねっても金持ちの典型モデルが思い当たりません。起業家といえば松下幸之助《まつしたこうのすけ》氏などがそうなのでしょうが、日本の起業家はみんな

地味で、なんだか二宮尊徳《にのみやそんとく》のようなことばかり言っています。実際に有名起業家の数もアメリカに比べるとごくわずか。とても日本の代表的な金持ちの姿ではありません。

さまざまなデータを引っ張り出して難行苦行の末、辿《たど》りついた結論は日本の金持ちは地主だ！　だったのです。日本の不動産は戦後ほぼ一貫して右肩上がりの上昇。その中で不動産を蓄えていった地主の資産は膨れ上がっていったのでした。

ところが多くの地主はアメリカの起業家のような派手な人たちではないので、実際に会ってみると、都市近郊の畑で農作業なんかをやっています。外資系銀行が売ろうとしているような複雑な投資信託商品や外貨預金、外国債券投資などはちんぷんかんぷんな人たちばかりに思えました。

それでもその後、この地主を中心とした不動産持ち＝金持ちは不動産バブルの膨れ上がりとともにさらに多額の資産（といっても「含み益」にすぎないのですが）を所有するに至ったのでした。

ところが現代の日本。先ほどから申し上げているように、不動産も明らかに二極化の時代に突入しています。持つべき不動産と持っているとやばい不動産に分離していくこれからの時代、この２種類の不動産を明確に選別することが必要になっていきます。むしろ多くの不動産を持ちすぎるとその維持や相続、あるいはその後の固定資産税をはじめとした多くの負荷に苦しめられる可能性まで出てきています。

資産アロケーションという言葉をご存知でしょうか。資産は一種類の資産に集中させずにいくつかの種類に分散して保持し、リスクに対する耐性を持っておきましょうという、金融からきた言葉です。

通常は、たとえば3億円の資産があれば、２割を預貯金、３割を株式、２割を債券、１割を保険、残りの２割を不動産などとして分散して持つことを資産アロケーションと言っています。これをさらに債券であれば日本と海外で分散して持つ、外貨も複数の外貨を一定の割合で持つなど、きめ細かくアロケートしていきます。

私は、これからの時代、日本の不動産オーナーも「活《い》かす不動産」と「捨てる不動産」を明確にしていくべきだと考えます。やばい不動産もまだ現在なら売却ができるかもしれません。そして活かしていく不動産には積極的に投資をして、その価値を時代に適合したものに変えていく行動がぜひとも必要になっています。

また活用する用途も従前に拘《こだわ》らず、最適なメニューで不動産自体をアロケートしなおしていくことです。所有するエリアにもこのアロケーションの考えは活かしていくべきです。東日本大震災を見れば、日本の一部のエリアにだけ偏《かたよ》った資産所有は、地震のような天災で、すべてを失う可能性があることが今回はっきりとわかりました。

今こそ資産アロケーション、不動産アロケーションが問われているのです。

3 アジアで考える資産アロケーション

日本の不動産が今後どうなっていくのか。平成バブルのようにふたたび値上がりをしていくのか、それともあっけなく崩壊するのか。不動産が持つ本来的な価値についてバーチャル不動産とリアル不動産という2つの観点から、本書では考察してきました。

最後に、日本という国で不動産を持つということからちょっと離れて、国境を越えて不動産を持つということを考えてみます。

これからの時代、値上がりする日本の不動産を見極めるだけでは不十分です。なぜなら2011年に起きたあの忌まわしい東日本大震災に代表されるように、今後確実に発生すると予測される南海トラフ地震などの天変地異、あるかもしれない財政危機、金融危機、原発問題、戦争などの人災。これから日本で起こりうるリスクを数え上げていけばきりがありません。

今まで日本は安全・安心だったというだけで、今後の安心・安全が確約されているわけではありません。そこで、目を世界に、といっても欧米などあまり遠くに向けるのではなく、身近なアジアの中で不動産を考えてみることにしましょう。

アウトバウンドマネーの動き

前章で、海外から日本の不動産を買おうとする動きを「インバウンドマネー」という言葉で表現しました。これとは逆に、日本から海外に向かうマネーを「アウトバウンドマネー」と表現します。

今、このアウトバウンドマネーの行先で注目を集めているのがアジア、その中でもとりわけ東南アジアと言われています。日本の多くの企業が中国リスクを実感し、「チャイナプラスワン」としてのリスク分散先として東南アジア諸国に熱視線を送っているのです。

この東南アジアですが、注目されているのは企業の工場立地としてだけではありません。移住先やロングステイ先としての東南アジア、そして不動産投資先としての東南アジアです。

先にも述べましたように、このエリアの人口は今では約6億人とEU（欧州連合）をも凌駕《りょうが》するマーケットに成長しています。そして注目すべきは、もっとも消費の伸びが期待できる中間所得層が爆発的に増加していることです。

この増加に不動産が追いついていない、つまりオフィスや住宅、商業施設といったハコの供給が土地、建物ともに追いついていないのが現状です。

この状況、日本にもかつてあった姿です。高度成長期の日本を思い出せば、その姿が今の東南アジアに重なって見えてきます。ということは、「不動産は確実に値上がりする」のです。

かつて日本で起こったことが、このエリアで着実に進行していくことを思えば、あたかも答えのわかっている方程式を解くようなことなのかもしれません。

実際に今、日本人富裕層の間で人気なのが、タイやマレーシアのコンドミニアムへの投資です。これらの国は比較的政情が安定していて、しかも反日感情が少ないことも手伝って、日本人投資家には大変な人気となっています。

シンガポールや香港はすでに不動産価格について言えば日本を上回る価格になっていますので、けっして「安い」という感覚ではありませんが、安定した需要を見込めるという意味ではよい投資先といえます。これからはカンボジアやフィリピン、政情が安定してきたミャンマーなどもその成長が大いに期待できるでしょう。人口が９０００万人に迫るベトナムも今後魅力的な投資先になるかもしれません。

かつては海外というだけで言葉や文化、習慣の問題が気になってアレルギーを起こした日本人も、経済のグローバル化、なんでも即座に現地の情報が手に入るＩＴ化、海外旅行の日常化などでずいぶんと海外に慣れた人たちが増えました。世界中のいろいろな場所に駐在して仕事をしたり、旅をして、自分なりに好きな国を見つけた人たちも数多くなりました。

すでに大手デベロッパーの一部は、日本でのマンション分譲に加え、中国やシンガポール、マレーシアなどでマンション分譲を始めたところもあります。これらの国々が今後さらに私たち日本人にとって身近なエリアになっていくものと思われます。

日本安全神話からの決別

もちろん、一方でこれらの国々の不動産投資にはさまざまな規制が存在します。まだ外国人による不動産の所有が認められていない国も多くあります。カントリーリスクが日本よりもかなり大きいと思われる国もあります。

しかし、同じエリアに同じような資産を重ねて所有することのリスクについて、今日本人は真剣に考えるべきと思われます。中国人の富裕層は自国だけでなく広く海外に資産を分散して持ちます。欧米人でもこの傾向は変わりません。彼らはある時期を支配する国家や価値観が永続しないことを歴史的によくわきまえているのです。

それに比べ、世界から見ればまだまだ日本人は、自国の殻に閉じこもってひたすら郵便貯金だけをせっせと続けている民だと思われています。国債もしかりです。もちろん日本の安全神話が続くかぎりにおいてはこの行動は正しいのかもしれませんが、さて今後はどうでしょうか。

不動産も同様です。日本列島という地震の巣の上にだけ持つのではなく、リスクを散らばせておくことにも想いを巡らすべき時なのかもしれません。不動産を海外、アジアにアロケーションしておく。これも今後の不動産戦略に組み込んでおくことは、これからの賢明な日本人の選択になるかもしれません。

楽しむ老後を

資産をアロケーションすることはリスク分散の観点から重要だと言いましたが、もちろん成長するアジア、とりわけ東南アジアでの不動産投資、売買に伴うキャピタルゲインも今後日本で期待するよりもはるかに大きな額をつかめることが期待されます。

最近ではこうした一攫千金《いっかくせんきん》を狙って、物件を実際に見ることもなくインターネットで売買を繰り返す日本人投資家も出てきました。もちろん自らリスクをはってキャピタルゲインを狙っていくわけですから、こうした行動に目くじらをたてる必要はないのですが、あまりにセミプロ化してしまうのは一部の方々にお任せして、もう少しゆったりと投資を楽しんでみたらいかがかと思います。

たとえば、リタイアされた方が、退職金でタイのコンドミニアムを3つ買う。ひとつは自分が使う。そして残り2つは運用する。年金もこれからの日本では日々の暮らしに精一杯の金額でも、タイでは物価が日本の3分の1程度なので使いでがあります。夫婦でゆったりゴルフやリゾートライフを楽しむ。運用している2つのコンドミニアムから得られる賃料が年金の足しになる。そのうち値上がりしたら、売却をしてさらに資産を増やす。こんな夢のような老後を楽しむことも、けっして不可能ではないのです。

考え方を少し変えてみるだけで、人生ががらりと変わる可能性だってあるのです。

やみくもに不動産投資の果実を追いかけまわすのではなく、リタイア後は、ゆったりとした生活のための糧《かて》として海外不動産を考えてみるのも悪くないかもしれません。

おわりに

日本の不動産は値上がりする

１９９０年代の終わり、当時私は三井不動産に勤務し、ある外資系企業と東京都内に所在する大手企業の本社ビルの取得を担当していました。

この建物は平成初期の築。優美でそれでいてどこか大企業の本社としての威厳を感じさせる建物でした。何とかこのオフィスビルを買いたい。私は日夜、会社の同僚と多くの議論を重ね、何度もビルに通い、先方との交渉を続けました。

取得後のビルの管理はどうしよう。もっと効率化できる部分があるのではないか。テナントの誘致はどんな条件で行なおう。エントランスは外部のテナント向けにもう少し照明を追加して明るくしてみたらどうか。売却後もテナントとして残るオーナーとはどのようにお付き合いしようか。日々、頭の中はこのビルのことでいっぱいでした。

ところが相棒である外資系企業のオフィスに行くと、打ち合わせの内容はまったく異なるものでした。

利回りはどのくらいが妥当なのか。東京のマーケットのキャップレートは今後どのように推移するのか。アジアの中での日本の位置付けはどうなるのか。香港で買うビルと日本のビルは何が違うのか。管理コストはもっと節減できるのではないか。既存テナントに対する賃料引き上げの可能性は？　交渉はいつからスタートして目標値はどこに置くのか。シミュレーションはABCの3通りで用意しよう……。

彼らのオフィスで話題となるのは、すべてが数字でした。ちょっとありえないようなストーリーでも、「アグレッシブ」あるいは「ポジティブ」なシミュレーションとして、検討が続きました。

ある日、先方のアメリカ本社の役員が来日することになりました。私たちは、ここが出番だと張り切りました。ビルの内容についてはとにかくとことん調査していましたのでしっかり説明しなくてはと、彼の到着をビルエントランスで待ちました。

エントランスにさっそうと現われた役員。私たちの手渡した建物資料を一瞥《いちべつ》すると、

「ああ、いいんじゃない。日本でよく宿泊するホテルの近くだしね」

彼は資料を日本人社員にさっと手渡すと建物の中にも入らずに、待たせてあった車に乗り込んでいなくなってしまったのでした。私たちは啞然《あぜん》とするばかりでした。

この建物は、当時まだ日本では珍しかった不動産証券化の手法で取得をしたものでした。ひたすら不動産屋としての魂《たましい》と根性で取得交渉にあたった私たちと、さらりとマーケットと数字で、極端にいえば建物なんて見もしないで購入の決断をした外国人。

私にとって、バーチャル不動産とリアル不動産に日本の不動産が分かれていくスタートポイントが、このプロジェクトだったのです。

あれから15年。日本の不動産の証券化、流動化は急速に進展しました。2001年には日本で初めての不動産投資信託(J－REIT)が上場を果たし、このREITをはじめとして、不動産に関する情報開示が急速に整備されていきました。

今、これらの公開された数値が、日本の不動産マーケットの現在と将来を語るようになりました。金融という血液と結びついた日本の不動産は、金融商品の一つとしての存在価値を持つようになったのです。

ひとつひとつがばらばらで個性豊かなリアル不動産は、一方で素人《しろうと》にはわかりにくいプロの世界のものでした。証券化を経たバーチャル不動産は、徹底的に公開された情報をもとに素人でもネットで手軽に売買ができるものに変わってきました。このことは、今までは一部の人たちだけの手の中にあった不動産を一般の方々でも扱える商品にしたという意味で、いわば「不動産の民主化」とも呼べる意味合いをもちました。

こうした情報開示と金融という血液の供給調整で、日本の不動産の値上がりも値下がりも、今までのリアル不動産ではなかなか現実化しなかったスピードで現われるようになったのです。下がりっぱなしだった日本の不動産は値上がりするものだと、再認識することになったのです。

ただし、どんなにバーチャル不動産の技術が進歩しても、しょせんはネットの画面上でのお話。実際に利潤を上げていくのがリアル不動産であるという現実が変わったわけではありません。リアル不動産に対する実需が伴ったうえでの不動産の値上がりがなければ、その動きは本物とは呼べず、単なる投資家たちのおもちゃにすぎない存在になってしまうのです。

バーチャル世界では値上がりを演出できたとしても、実需がついてこない宴《うたげ》は短命なものです。

今後の日本の不動産は、バーチャル不動産の利点を活用しながら、「ヒト」「モノ」「カネ」が集まるリアル不動産を仕掛けて、実需を掘り起こしていく時代に入ったとも言えるでしょう。

私たちはバーチャルで演出された部分が本格的に実需も伴って収益に寄与する不動産と、単なるメッキにすぎない不動産を、厳しい選択眼で見分けることで不動産の持つ本来的価値を享受することが可能なのです。

また、こうした動きは今後日本だけでなくアジアにも急速に広まっていくことでしょう。日本だけの領域ではもったいない。情報公開が進化した世界のフィールドで不動産を考えていく時代ももうすぐそこです。
新しい不動産の時代をあなたも考えてみませんか。

切りとり線

★読者のみなさまにお願い

この本をお読みになって、どんな感想をお持ちでしょうか。祥伝社のホームページから書評をお送りいただけたら、ありがたく存じます。今後の企画の参考にさせていただきます。また、次ページの原稿用紙を切り取り、左記まで郵送していただいても結構です。

お寄せいただいた書評は、ご了解のうえ新聞・雑誌などを通じて紹介させていただくこともあります。採用の場合は、特製図書カードを差しあげます。

なお、ご記入いただいたお名前、ご住所、ご連絡先等は、書評紹介の事前了解、謝礼のお届け以外の目的で利用することはありません。また、それらの情報を6カ月を越えて保管することもありません。

〒101−8701（お手紙は郵便番号だけで届きます）
祥伝社新書編集部
電話03（3265）2310
祥伝社ホームページ　http://www.shodensha.co.jp/bookreview/

★本書の購買動機（新聞名か雑誌名、あるいは○をつけてください）

＿＿＿＿新聞の広告を見て	＿＿＿＿誌の広告を見て	＿＿＿＿新聞の書評を見て	＿＿＿＿誌の書評を見て	書店で見かけて	知人のすすめで

★100字書評……だから、日本の不動産は値上がりする

名前

住所

年齢

職業

牧野知弘　まきの・ともひろ

1959年、アメリカ生まれ。東京大学経済学部卒業。ボストンコンサルティンググループを経て、三井不動産に勤務。2006年、J-REIT（不動産投資信託）の日本コマーシャル投資法人を上場。現在はオラガHSC株式会社代表取締役としてホテルや不動産のアドバイザリーのほか、市場調査や講演活動を展開。『なぜ、町の不動産屋はつぶれないのか』『なぜビジネスホテルは、一泊四千円でやっていけるのか』（共に祥伝社新書）などの著書がある。

だから、日本《にほん》の不動産《ふどうさん》は値《ね》上《あ》がりする

牧野知弘《まきのともひろ》

2013年 9 月10日　初版第 1 刷発行

発行者……………竹内和芳
発行所……………祥伝社しょうでんしゃ
〒101-8701　東京都千代田区神田神保町3-3
電話　03(3265)2081(販売部)
電話　03(3265)2310(編集部)
電話　03(3265)3622(業務部)
ホームページ　http://www.shodensha.co.jp/

装丁者……………盛川和洋
印刷所……………萩原印刷
製本所……………ナショナル製本

Printed in Japan　ISBN978-4-396-11334-6　C0233

〈祥伝社新書〉
黒田涼の「江戸散歩」シリーズ

161
《ヴィジュアル版》江戸城を歩く
歴史研究家 黒田 涼《りょう》

江戸城の周辺には、まだ多くの碑や石垣、門、水路、大工事の跡などが残っている。カラー写真と現地図・古地図で親切に解説。歴史散歩に今すぐ出かけよう

240
《ヴィジュアル版》江戸の大名屋敷を歩く
歴史研究家 黒田 涼

東京ミッドタウンは長州《ちょうしゅう》藩毛利家の中《なか》屋敷跡、築地市場は白河《しらかわ》藩松平家の下《しも》屋敷庭園跡……。あの人気スポットも、大名屋敷の跡地だった

280
《ヴィジュアル版》江戸の神社・お寺を歩く［城東編］
歴史研究家 黒田 涼

訪れる優先順位を［★★★］［★★］［★］の3段階で表示。

［城東編］は、銀座・八丁堀、上野・谷中《やなか》、王子・田端より東の社寺、寛永寺《かんえいじ》、浅草寺《せんそうじ》から亀戸《かめいど》天神、富岡《とみおか》八幡まで

281
《ヴィジュアル版》江戸の神社・お寺を歩く［城西編］
歴史研究家 黒田 涼

［城西編］は三田・高輪《たかなわ》、愛宕《あたご》・芝《しば》、湯島・本郷より西の社寺、泉岳寺《せんがくじ》、増上《ぞうじょう》寺《じ》、護国寺《ごこくじ》、目黒《めぐろ》不動《ふどう》から、日枝《ひえ》神社、神田明神、湯島天神まで

〈祥伝社新書〉
日本の歴史を知る・歩く

222
《ヴィジュアル版》東京の古墳を歩く
知られざる古墳王国・東京の全貌《ぜんぼう》がここに。歴史散歩の醍醐味《だいごみ》！
明治大学名誉教授 大塚初重《はつしげ》 監修

268
天皇陵の誕生
誰が、いつ、何を根拠に決めたのか？ 近世・近代史の視点で読み解く
成城大学教授 外池《といけ》 昇

278
源氏と平家の誕生
なぜ、源平の二氏が現われ、天皇と貴族の世を覆《くつがえ》したのか？
作家 関 裕二

316
古代道路の謎 奈良時代の巨大国家プロジェクト
巨大な道路はなぜ造られ、廃絶したのか？ 文化庁文化財調査官が謎に迫る
文化庁文化財調査官 近江《おおみ》俊秀

325
富士山文化 その信仰遺跡を歩く
世界文化遺産だけではわからない、本当の富士山の魅力がここに！
拓殖大学名誉教授 竹谷靱負《ゆきえ》

〈祥伝社新書〉
「できるビジネスマン」叢書

095
デッドライン仕事術
すべての仕事に「締切日」を入れよ
仕事の超効率化は、「残業ゼロ」宣言から始まる！
元トリンプ社長 吉《よし》越《こし》浩一郎

105
人の印象は3メートルと30秒で決まる
自己演出で作るパーソナルブランド
話し方、立ち居《い》振《ふ》る舞《ま》い、ファッションも、ビジネスには不可欠！
イメージコンサルタント 江木園《その》貴《き》

207
ドラッカー流　最強の勉強法
「経営の神様」が実践した知的生産の技術とは
ノンフィクション・ライター 中野　明

227
仕事のアマ　仕事のプロ
頭ひとつ抜け出す人の思考法
会社員には5％のプロと40％のアマがいる。プロ化の秘訣とは
経営コンサルタント 長谷川和廣

228
なぜ、町の不動産屋はつぶれないのか
知れば知るほど面白い！　土地と不動産の不思議なカラクリとは……。
不動産コンサルタント 牧野知弘

〈祥伝社新書〉
現代を知る

126
破局噴火
秒読みに入った人類壊滅の日

日本が火山列島であることを忘れるな。七千年に一回の超巨大噴火がくる！

日本大学教授
高橋正樹

229
生命は、宇宙のどこで生まれたのか

「宇宙生物学（アストロバイオロジー）」の最前線がわかる！

国立天文台研究員
福江　翼

242
数式なしでわかる物理学入門

物理学は「ことば」で考える学問である。まったく新しい入門書

神奈川大学名誉教授
桜井邦《くに》朋《とも》

258
「看《み》取《と》り」の作法

本当にこれでよかったのか……「看取りと死別」の入門書

精神科医
香山リカ

290
ヒッグス粒子の謎

宇宙誕生の謎に迫る世紀の大発見。その意味と成果をこの一冊で

東京大学准教授
浅井祥《しょう》仁《じ》